*Best-seller*

# COACHING
## MUDE seu MINDSET
## para o sucesso
### vol. 3

Literare Books
INTERNATIONAL
BRASIL · EUROPA · USA · JAPÃO

**Copyright© 2020 by Literare Books International.**
**Todos os direitos desta edição são reservados**
**à Literare Books International.**

**Presidente:**
Mauricio Sita

**Vice-presidente:**
Alessandra Ksenhuck

**Capa:**
Paulo Gallian

**Diagramação:**
Gabriel Uchima e Paulo Gallian

**Revisão:**
Rodrigo Rainho

**Diretora de Projetos:**
Gleide Santos

**Diretora Executiva:**
Julyana Rosa

**Relacionamento com o cliente:**
Claudia Pires

**Impressão:**
Impressul

---

**Dados Internacionais de Catalogação na Publicação (CIP)**
**(eDOC BRASIL, Belo Horizonte/MG)**

C652  Coaching: mude seu mindset para o sucesso: vol III / Coordenador
Jaques Grinberg. – São Paulo, SP: Literare Books International,
2020.
14 x 21 cm

Inclui bibliografia
ISBN 978-85-9455-304-1

1. Assessoria pessoal. 2. Assessoria empresarial. 3. Liderança.
I. Grinberg, Jaques.
CDD 658.3124

**Elaborado por Maurício Amormino Júnior – CRB6/2422**

---

**Literare Books International Ltda**
**Rua Antônio Augusto Covello, 472 – Vila Mariana – São Paulo, SP.**
**CEP 01550-060**
**Fone/fax: (0\*\*11) 2659-0968**
**site: www.literarebooks.com.br**
**e-mail: contato@literarebooks.com.br**

# Prefácio

*Coaching*? *Mindset*? Tantas palavras bonitas e em inglês que podem ou não dizer tantas coisas e, para alguns, polêmicas. Tudo pode ser polêmico se deixarmos, seja por falta de conhecimento ou de querer aprender. Aliás, todos querem render e poucos querem aprender, mas esquecemos que dentro da palavra aprender há a palavra render – então, para render, é preciso aprender. A ferramenta de *coaching* é fantástica e, quando aplicada da forma correta por profissionais, pode transformar vidas, potencializar os resultados de quem deseja mudar. O errado não é o processo de *coaching*, mas as pessoas despreparadas para aplicar as ferramentas certas. Fazendo uma analogia, sabemos que existem médicos bons e despreparados – em todas as profissões temos este fator. Se você estiver precisando fazer uma cirurgia, fará com um médico barato ou qualificado? Para o processo de *coaching* é o mesmo caso, não adianta procurar profissionais "baratos", é preciso buscar resultados (investimento x retorno = lucro). Pense nisso!

E você deve estar perguntando: por qual motivo eu preciso deste livro? Sim, é uma excelente pergunta e eu como coordenador desta obra posso garantir que a cada capítulo você terá *insights* que farão repensar e refletir sobre diversos assuntos, sejam profissionais ou pessoais. A cada capítulo uma nova história, uma nova experiência contada por pessoas comuns como nós, mas que, com coragem e vontade, deixaram aqui registrados seus aprendizados.

> "Conhecimento é um investimento vitalício e não ocupa espaço."
> JGC

Para pessoas comuns como nós, que buscam crescimento pessoal e profissional, o que nos impede de ter um livro de sucesso como este para aprender e render cada vez mais?

Boa leitura!

# Sumário

**Autoconhecimento: a chave do sucesso** ....................7
Ana Gabriela Menezes

**Você quer ter sucesso? Seja o seu sucesso! Desenvolva seu *mindset* para alcançar seus objetivos.** ...............15
Cidália Idalete Alves

**Asas, quando não voam pesam sobre as costas** .....25
Cristiana da Luz

**Acreditar, perdoar, superar e persistir sempre!** ..... 33
Daniel de Castilho Costa

**Pontos fortes e pontos fracos, onde investir esforços?** ................................. 41
Elaine Figueiredo

**Psicologia positiva e investigação apreciativa juntas na criação de um modelo de gestão da mudança.** ....................... 49
Élen Sicolin Contro

**Mindset e os perigos que ninguém conta** ................ 57
Jaques Grinberg

**Como ser mais forte e saber o tempo de mudar a direção de sua vida** ...................... 65
Leonice Tenório Barbosa dos Santos

**O fracasso como escada para o sucesso**............... 73
Márcio Castilho

**Encontrando o melhor *setup* para o sucesso** ......... 81
Rodrigo Canetti

**Você está exatamente onde seu *MINDSET* permitiu estar**................................................ 89
Saul Christoff

**Impacto das emoções em resolução de conflitos: a importância da percepção das emoções ao negociar** ...................................................................... 97
Silvia Pedroso Nasrallah

***Coaching* para gestores escolares** ......................... 105
Tereza C. Z. de Oliveira e Terezinha Paladino

**Como o processo de *coaching* desenvolve a educação financeira**................................................. 113
Vanessa Falcão

# Capítulo 1

## Autoconhecimento: a chave do sucesso

Ana Gabriela Menezes

Alguma vez se sentiu incomodado com algo e não sabia por quê? Frases como meu salário é baixo e meu chefe não me reconhece já fizeram parte do seu vocabulário? Eu me encontrei nesse mar de questionamentos em um período da minha vida e aprendi que autoconhecimento é a chave para a nossa mudança de *mindset*. Convido você a conhecer um pouco mais desse fascinante assunto.

## Ana Gabriela Menezes

Enfermeira graduada pelo Centro Universitário São Camilo (2010), com pós-graduação em Auditoria dos Serviços de Saúde (Universidade Cruzeiro do Sul) e MBA em Gestão Empresarial (BBS Business School). Certificada em Hipnose Clínica pelo Instituto Brasileiro de Formação em Hipnose, *master practitioner* em Programação Neurolinguística e Autoliderança - AGP certificada pelo Instituto Ideah. Gerente da área de Sinistro da Care Plus Bupa. Docente no Senac nas áreas de recurso de glosas e faturamento. Seu diferencial é ser apaixonada pelo desenvolvimento humano por meio do autoconhecimento.

**Contatos**
agabrielam@ig.com.br
LinkedIn: Ana Gabriela Menezes

Você já parou para pensar quantas vezes já se sentiu insatisfeito com seu trabalho? Quantas vezes você já reclamou que algo o incomoda, mas não sabe exatamente o quê? Sabe aquela sensação de que algo não agrada... será que é a empresa? Meu salário que é baixo? Preciso de um aumento? E até mesmo já repetiu frases como "Meu chefe não me entende...", "Minha equipe não colabora...", "Não sou valorizado...". Essa sensação já levou você a mudar de emprego e depois de um tempo esse mesmo incômodo voltou a aparecer?

Exatamente nesse *looping* me encontrei há algum tempo. Estava em uma grande e renomada empresa, ocupando um cargo de gestão, com um bom salário, e mesmo assim aquele sentimento desconfortável estava presente. O que estaria acontecendo? Notei que, profissionalmente, eu não tinha mais "brilho nos olhos", acordar cedo para trabalhar era um sacrifício, quantas vezes me percebia reclamando de coisas banais, de problemas simples do dia a dia, enfim, eu já não tinha mais vontade de fazer o que tanto gostava.

Realmente acreditava que estaria precisando de um aumento ou talvez uma nova atividade, um novo desafio. Assim, fui buscar uma nova posição no mercado de trabalho e me recoloquei, novamente, em uma empresa de grande porte. Nesse momento pensei: "Agora meus problemas estão resolvidos!", afinal, tinha um novo chefe, meu salário era melhor, teria mais responsabilidades, novos desafios, ou seja, não teria motivos para reclamar.

Realmente, durante muitos meses e, arriscaria dizer que, por cerca de dois anos, essas novidades me satisfizeram. Porém, depois de um tempo, percebi que o sentimento que tanto eu temia voltou a surgir.

O que havia de errado? Será que a atividade que eu exercia já não era a melhor pra mim? Será que não nasci pra ser líder? Será que meu salário está tão abaixo do mercado? Será que fiz a escolha errada em ter aceitado trabalhar aqui? Essas perguntas atormentavam diariamente minha mente. Assim fiquei, por um longo período, sabendo que havia algo de errado, mas sem saber o que exatamente.

Essa sensação tomou conta de mim por vários meses. Até que um dia, cansada de tanto reclamar, resolvi compartilhar meu sentimento com outra líder, a qual, após alguns anos, se tornou uma grande amiga. Na conversa com ela, notei que compartilhava do mesmo sentimento, apesar dos questionamentos internos dela serem diferentes dos meus. Durante o diálogo, percebemos que muitos dos líderes que trabalhavam conosco, estavam aparentemente vivendo esse mesmo problema, se sentiam insatisfeitos e não sabiam exatamente o porquê, precisavam se desenvolver, mas não tinham motivação suficiente. Estava aí a causa dos nossos incômodos, afinal, os líderes não atendiam as nossas expectativas, assim, ficaria difícil nos sentirmos melhor, pois o outro impactava diretamente nosso trabalho. Eu achava que a resposta da minha insatisfação era que porque os outros não percebiam que o cargo deles exigia determinada postura que esses não tinham.

Tivemos a brilhante ideia de buscarmos um profissional *coach* para trabalhar com todos os líderes. Inicialmente, essa decisão foi pensada para colocar os outros para desenvolver seu autoconhecimento. Assim, proporcionando esse processo, os líderes se desenvolveriam e, nós, para não dizer que não queríamos nos desenvolver, nos beneficiaríamos de um processo muito valioso para avaliar, talvez, outros pontos relacionados a nossa vida.

Passamos algumas semanas procurando profissionais e, para a minha surpresa, encontramos uma pessoa que era sócio de um instituto de treinamentos de alto impacto. Foi a partir desse momento que minha história efetivamente começou a mudar. Marcamos um encontro com esse sócio e, ao tomar conhecimento de alguns dos treinamentos desse instituto, surgiu em mim, o interesse em participar. Apesar dessa vontade, sempre encontrava uma desculpa para adiar, afinal, passar um final de semana inteiro fora de casa após uma longa semana de trabalho era sacrifício demais, não era tão importante assim...

Depois de alguns meses adiando e inventando muitas desculpas, finalmente resolvi enfrentar esse desafio. Mal sabia eu que a mudança em minha vida estava iniciando.

Passei um final de semana inteiro trabalhando o autoconhecimento, identifiquei e quebrei crenças, encarei minhas próprias sombras, meus medos, meus maiores desafios. Por mais complexo que pareça, foi a partir desse momento que me senti renascendo para uma vida que desconhecia. Abandonei crenças limitantes, mudei minha forma de me enxergar, aprendi a reconhecer meus valores, entendi que o sentimento de raiva não é ruim, apenas temos que canalizá-lo da forma correta. Naquele lugar, notei o quão valioso e poderoso é o autoconhecimento.

Você já parou para pensar como é importante saber exatamente quem somos nós? O que muda para você ao se deparar com a pergunta... quem é você hoje? Por um momento se olhe sinceramente e busque as respostas. Agora, pense em cada área da sua vida (profissional, amorosa, familiar, entre outras) e responda novamente a essas perguntas, por exemplo, quem é você como líder, quem é você como pai/mãe, quem é você como filho?

Ter essas respostas, aliadas à pergunta "quem eu quero ser?" me ajudou muito a definir e especificar quais eram meus reais tormentos e dificuldades para que, finalmente, pudesse mudar meu *mindset*.

As perguntas que parecem, a princípio, simples, colaboraram para que eu identificasse diversas crenças que me limitavam, como, por exemplo, a crença de que eu não era capaz de me tornar uma profissional competente. As crenças limitantes nos impedem de avançar e conquistar o que tanto queremos. No meu caso, vivi anos acreditando que me faltava capacidade, e imaginem só quanto tempo e quantas possibilidades não foram perdidas.

Crenças, muitas vezes nos acompanham desde crianças e nos exigem muita dedicação e coragem para diagnosticá-las. Uma mudança de crença só ocorre se trocarmos a limitante por uma crença "possibilitadora". Ou seja, primeiro é necessário identificar e, depois, substituí-la de uma forma positiva. Você é aquilo que você acredita, portanto, como diria Henry Ford, "se você pensa que consegue fazer algo ou pensa que não consegue fazer algo, você está certo".

Aos poucos, fui notando que minha jornada pelo autoconhecimento estava apenas começando, passei a valorizar muito essas novas descobertas. Notei que o que realmente me incomodava era o fato de eu não estar alinhada aos meus valores pessoais, ou seja, algo precisava ser mudado, mas como?

Na época, mesmo após a realização do treinamento de alto impacto, ainda continuamos buscando um profissional para ajudar os líderes. Foi assim, que depois de um mês, iniciei um processo de *coaching*. Todos os líderes realizaram cerca de 10 sessões e simplesmente foi um processo fantástico!

O treinamento anterior trouxe muitas informações, porém, não sabia ao certo como utilizá-las. As sessões de *coaching* me ajudaram a organizar estes *insights* e a transformá-los em ação.

Muitas vezes o que precisamos é estruturar nossos pensamentos, estabelecer metas e planejar os próximos passos. De acordo com Paulo Vieira, "quem quer atingir seus objetivos precisa partir de uma autoanálise profunda, uma vez que seu processo de transformação exigirá firmeza de pensamentos e de objetivos, e nós só atingimos esse tipo de certeza ao definir muito bem o que nos faz feliz e o que nos derruba na vida cotidiana".

Responda, sinceramente, quantas vezes você iniciou algum processo e não o concluiu? Quantas desculpas você tem colocado à frente de seus objetivos? Você está dando o seu melhor para atingir seus objetivos? Como estão organizadas suas prioridades? Você tem dado o foco necessário no que realmente almeja? Como você se sentiu ao responder estas questões? A partir destas respostas e das sensações causadas é possível gerar um estado interno de mudança por meio da autorreflexão. Apenas você é responsável pelas suas vitórias e por seus fracassos, portanto, mude a forma como visualiza seus obstáculos e conquiste grandes resultados.

### Como mudar seu estado interno para gerar motivação?

Você já ouviu falar sobre pensamento positivo e como ele é importante? Como você pode fazer para ter um pensamento positivo de forma eficiente? Será que funciona mesmo?

Sabemos que nosso cérebro coloca o foco em situações que nos ajudam e muitas vezes que não nos apoiam. Afinal, nem sempre focamos no que realmente devemos, por exemplo, quando estamos prestes a realizar uma palestra ou apresentação, muitas vezes focamos tanto no que pode dar errado que ficamos ansiosos e nervosos, não é mesmo?

O grande segredo é que não é só sobre pensar positivo, mas sim sobre ser inteligente. Você já se inscreveu em um curso ou alguma palestra, pagou por isso e não aplicou o que aprendeu? Ou então, até aplicou, mas não teve o sucesso ou o empenho que deveria? Isso já aconteceu mais de uma vez? Se sim, já parou para pensar que tal atitude pode ter se tornado um padrão? Nosso cérebro aprende e repete padrões o tempo todo, ou seja, se você apenas pensa positivo com muito esforço, mas não sente, certamente esse pensar positivo não faz sentido para você.

Falar sobre inteligência, neste caso, é provocar uma reflexão sobre onde você está colocando o seu foco e como ele faz você se sentir. Vamos fazer um teste, feche seus olhos por um momento e lembre de uma situação muito positiva em que você se sentiu confiante, em que seus objetivos se realizaram com sucesso. Como você se sente ao reviver esse momento? Muito provavelmente, seu estado interno mudou, você deve ter ficado mais feliz, até mesmo mudado sua postura, dado um leve sorriso.

A partir do momento em que você tem o conhecimento de que quando você foca naquilo que funcionou na sua vida você se sente melhor, você muda sua emoção, acessando estados de mais confiança e empoderamento. Agora, se você foca naqueles momentos de fracasso e em que tudo deu errado, você se sente ruim, desmotivado. Isso ocorre porque é um padrão, é a forma como sua mente funciona, portanto, podemos entender que mudanças de estado e motivação são mais uma questão de inteligência. Você pode escolher e focar, colocar o direcionamento naquele pensamento que funciona para você. Onde colocamos o nosso foco é o que vai determinar como nos sentimos por meio da emoção que estaremos acessando.

Portanto, é uma questão de escolha, pois, enquanto seu cérebro leva você a seguir padrões que seu inconsciente está acostumado, você pode direcionar seu pensamento de uma forma consciente para colocar o foco e a atenção naquilo que mais funciona, no que o deixa em um estado de motivação e alta energia, pois na alta energia você entra no estado de movimento, levando você a tirar do planejamento e colocar em prática. Cuide muito bem da sua mentalidade, você é o responsável por filtrar o que é bom ou o que é ruim para ela.

Cada nova descoberta é um passo em direção ao sucesso. Hoje, sou feliz e realizada, afinal sei o que realmente me motiva e o que me leva ao fracasso. Compartilho com vocês algumas dicas que fazem parte do meu *mindset*:

- Obstáculos fazem parte da estrada da vida, a decisão de ultrapassá-los é nossa!
- Confie e acredite, assim como eu, você também pode alinhar seus valores pessoais em todas as áreas da vida e ser feliz!
- Lembre-se de comemorar suas pequenas vitórias, assim você ganha motivação para persistir!
- Permita-se e curta cada nova descoberta!

E aí, você está pronto para começar a mudar seu estado e consequentemente seu *mindset*?

**Referências**
FORD, Henry. *Os princípios da prosperidade*. Editora Brand,1964.
VIEIRA, Paulo. *O poder da ação: faça sua vida sair do papel*. Editora Gente, 2015.

# Capítulo 2

Você quer ter sucesso? Seja o seu sucesso! Desenvolva seu mindset para alcançar seus objetivos

Cidália Idalete Alves

A proposta deste estudo é propor que você mude ou desenvolva seu *mindset* para conseguir entrar em uma nova realidade e alcançar seus objetivos com sucesso. Você quer ter sucesso? Seja o seu sucesso!

## Cidália Idalete Alves

Consultora em gestão empresarial, palestrante, treinadora de gestores e equipes. Formada em *Business and Executive Coach, Professional and Self Coach* e *Leader Coach* pelo IBC (Instituto Brasileiro de *Coaching*). *Team coach* pelo IBC & Uno Coaching Group (Escola de Coaching Latino Americana). *Coach trainer* pelo CAC (Center for Advanced Coaching). *Head trainer* pelo IFT (Instituto de Formação de Treinadores). Graduada em Engenharia Química pela Faculdade Oswaldo Cruz. Pós-graduada em Administração de Marketing pela Fundação Armando Álvares Penteado (FAAP). MBA em Gestão Empresarial pela Fundação Getulio Vargas (FGV) e Gestão de Finanças pela Fundação Instituto de Administração (FIA). Mais de 30 anos de experiência no segmento de gestão comercial e administrativa em empresas nacionais e multinacionais. Especialista em planejamento estratégico, plano de negócios, treinamentos e desenvolvimento de liderança de gestores e equipes para otimização de resultados nas organizações.

**Contatos**
cidalia.idalete@gmail.com
LinkedIn: Cidália Idalete Alves
Instagram: cidalia.idalete_consultoria
Facebook: Cidalia Idalete
(11) 98105-4241

> "Se você desenvolve os hábitos do sucesso,
> você fará do sucesso um hábito."
> Michael E. Angier

Muitas empresas produzem produtos com excelência de qualidade e serviços, mas não conseguem alavancar resultados. O que faz com que algumas empresas se transformem em grandes potências e outras estão fadadas à falência?

Existem pessoas que estão sempre em aperfeiçoamento profissional, se dedicam integralmente ao trabalho, superam desafios, mas não são promovidas. O que diferencia as pessoas de sucesso daquelas que continuam estagnadas?

Resposta: ter um objetivo claro e definido.

Para se alcançar o sucesso é necessário ter o pensamento envolvido com um objetivo claro e definido que se inicia com a mudança do *mindset*. Para que seu *mindset*, mentalidade, esteja aberto para o sucesso, você precisa entender que aquilo que você quer criar, mudar ou transformar, primeiro precisa ser criado, mudado ou transformado na sua mente.

A psicóloga Carol Dweck, por meio de pesquisas, provou que o *mindset* é uma atitude mental, não é um traço de personalidade.

*Mindset* é como o ser humano lida com a vida para trabalhar suas emoções, experiências, medos, crenças e outros obstáculos.

**Você quer ter sucesso? Seja o seu sucesso!**

Vamos despertar a jornada do seu sucesso definindo os objetivos:

1. Os objetivos devem ser específicos o suficiente para que você saiba exatamente o que está focando para conseguir. As pessoas estabelecem objetivos vagos como 'quero perder peso' ou 'quero aumentar a venda do meu produto', objetivos vagos não geram resultados.

2. Os objetivos devem ser mensuráveis, você deve ser capaz de determinar quando você está ou não fazendo progresso, assim como, se seu objetivo já foi atingido.
3. Os objetivos devem ser desafiantes e atingíveis. Você precisa sair da zona de conforto, seu objetivo deverá ser um desafio, porém possível de se realizar. Algumas pessoas estabelecem objetivos nada realistas e depois desistem por ficarem frustradas, pessimistas e sem coragem de continuar.
4. Os objetivos devem ter um intervalo de tempo determinado. O intervalo de tempo cria em sua mente um sentido de urgência, o que mantém você focado no objetivo. Para que se mantenha motivado, divida seus objetivos em curto, médio e longo prazo.
5. Os objetivos devem ter emoção. Ao determinar a razão pela qual você quer conquistar um objetivo, é essencial que você adicione emoção a ele. A emoção fará com que você fique motivado. As pessoas desistem de seus objetivos porque eles são traçados sem emoção. Ficar emocionalmente envolvido com um objetivo fortalece-o no seu *mindset*, e qualquer ideia fixada (medo, crença limitante, obstáculo) será transformada ou superada.
6. Os objetivos devem ser escritos. Um objetivo escrito é como um *post-it* que tem a função de pequenos lembretes no seu *mindset*. Um objetivo escrito traz clareza e foco, norteia a direção do seu sucesso. O importante é você escrever seu objetivo de forma positiva e focar o que você quer conseguir e não no que quer abandonar.
7. Os objetivos devem ser lidos regularmente, esse procedimento fortalecerá o que você almeja alcançar, transformar-se-á em um hábito no seu *mindset*. Ler os objetivos permite que você desenvolva o processo de autoconhecimento, mudando o seu *mindset* para o sucesso.

O cirurgião plástico e especialista em amputações, Maxwell Maltz, observou um padrão de comportamento comum em seus pacientes na década de 1950. Ele percebeu que seus pacientes levavam 21 dias para se acostumar com as reconstruções faciais ou amputações.

Phillippa Lally, da University College London, atestou com vários estudos que a eficácia da teoria dos 21 dias está na criação de um prazo.

Estabelecer um prazo contribui positivamente para criar um hábito.

O alicerce para criar um hábito é a força de vontade. Força de vontade é a energia necessária para completar a jornada dos 21 dias do desafio de mudar o *mindset* e conquistar os objetivos.

Ao ler seus objetivos todos os dias é importante que você pense positivo e visualize o seu sucesso.

Ao pensar positivo e visualizar o sucesso, alimentamos constantemente a força de vontade para implantar de maneira definitiva as mudanças no *mindset*.

A força de vontade é a essência para que se efetive as mudanças de hábitos no *mindset*.

As empresas e pessoas que tem sucesso são aquelas que:

- Definem o que querem: objetivos específicos.

- Mensuram o tempo de quando alcançarão o que querem: objetivos mensuráveis e com intervalo de tempo definido para alcançá-los.

- Deixam claro porque o querem: objetivos com emoção.

- Definem como irão conseguir o que querem: objetivos com desafios atingíveis.

- Escrevem e leem os objetivos regularmente (período mínimo de 21 dias).

- A Universidade de Stanford realizou uma pesquisa com um grupo de universitários com a seguinte pergunta: você tem objetivos para sua vida?

O resultado da pesquisa foi:

- 3% tinham objetivos claros e escritos.
- 7% tinham objetivos, porém não estavam claros, eram somente ideias.
- 90% não tinham objetivos e nem ideias do que queriam naquele momento.

Esses estudantes foram procurados 20 anos depois da pesquisa. Os pesquisadores constataram que os 3% dos estudantes que tinham objetivos claros e escritos estavam ganhando mais do que os outros 97% juntos.

Os objetivos podem ser traçados para qualquer setor da sua vida: financeiro, pessoal, familiar, social ou outros. Utilizamos os objetivos financeiros apenas como um medidor, o principal é determinar qual é exatamente o objetivo que você quer alcançar e transformar em sucesso.

Traçar os objetivos e iniciar a jornada dos 21 dias de mudança do seu *mindset* nem sempre é uma tarefa fácil. Você precisa estar ciente que pensar, planejar o que queremos e aonde desejamos chegar não é suficiente para se alcançar os resultados. Para se ter sucesso é impreterível ter dedicação e estar comprometido com o objetivo traçado.

As pessoas se frustram por não alcançarem os objetivos, sejam eles pessoais ou profissionais, esse sentimento de frustração desencadeia o desânimo. As pessoas desanimadas acabam desistindo dos objetivos traçados ao se depararem com os hábitos arraigados por toda uma vida.

Mudar os hábitos é sempre muito laborioso, nos deparamos com obstáculos como crenças limitantes, zona de conforto, falta de foco, procrastinação, medos e outros.

A mudança do *mindset* tem início na eliminação ou transformação das crenças limitantes. As crenças limitantes formam uma barreira intransponível que acreditamos ser difícil, e muitas vezes impossível: conquistar nossos objetivos.

As pessoas acreditam que são os fatores externos que controlam suas vidas, mas na verdade são suas crenças. As crenças modelam e direcionam o foco da nossa vida, é um pensamento ou uma ideia que nos impede de concluir os planos traçados para alcançar os objetivos e realizar os nossos sonhos.

O segredo é substituir uma crença limitante por uma crença fortalecedora, transformando-a em um novo hábito.

O sucesso é a resultante da somatória de vários degraus, para se chegar ao topo precisamos superar vários obstáculos, entre eles, a zona de conforto. A zona de conforto é segura e acolhedora, nos sentimos tranquilos com os desafios traçados. Porém um desafio para se transformar em sucesso não pode ser fácil de ser atingido, caso contrário, deixa de ser percebido por nós como desafio.

A zona de conforto é um estado psicológico que faz com que as pessoas acreditem que o ambiente vivenciado está tranquilo e sob controle, criando a falsa sensação de auferir o ponto máximo de seu potencial. A zona de conforto na verdade limita o crescimento por deixar as pessoas estagnadas: "Insanidade é continuar fazendo sempre a mesma coisa e esperar resultados diferentes." (Albert Einstein)

Ao sair da zona de conforto, você alavancará o seu crescimento e evolução, e se encantará com um mundo cheio de possibilidades.

Esse processo automaticamente fará com que você experiencie novos riscos, onde a ansiedade maximizará sua autoestima e facultará todo seu potencial no alcance de seus objetivos.

Para se sair da zona de conforto é imprescindível ter foco.

Foco é a atenção que se dá ao desafio traçado, é a energia direcionada para alcançar os objetivos. O sucesso está vinculado ao foco: "Onde vai o seu foco, vai toda sua energia!" (Tony Robbins)

O foco tem uma relação direta com o tempo. As pessoas que lastimam da falta de tempo não possuem controle sobre suas vidas. Não controlar o tempo, seja nas horas de produtividade ou lazer, significa não ter foco de maneira eficiente.

O sucesso está correlacionado com a priorização de tudo aquilo que é importante na vida pessoal e profissional. Priorizar as atividades diárias fortalecerá o foco para subir os degraus traçados do seu objetivo.

O foco também está vinculado à autoestima. Todos nós já passamos por algum momento na vida em que nos sentimos inferiores às outras pessoas. Sentimo-nos inferiores porque não estamos focados na nossa expertise: nossas habilidades e competências.

As pessoas perdem o foco por acreditar que não são capazes de aprender ou se atualizar.

Lastimar a falta de oportunidade na vida é como ao escalar uma montanha, você, não sabendo se chegará ao topo, instintivamente desiste ou simplesmente procrastina.

O procrastinador pode dificultar o alcance dos objetivos, invariavelmente prorroga suas ações, executa suas atividades em tempo ínfimo, obtendo um trabalho de baixa qualidade.

Deixar para amanhã o que se pode fazer hoje, essa é a epígrafe do procrastinador. Procrastinar significa desperdiçar o seu recurso mais valioso: o tempo.

O equilíbrio emocional é outro fator preponderante para o sucesso.

Os problemas sempre estarão presentes em nossas vidas e o diferencial está em como administramos esses problemas.

Controlar com objetividade a emoção ao analisar fatos e situações permitirá que a razão prevaleça. Alimentar a razão com a emoção dará leveza, criatividade e clareza na resolução. A emoção alimenta a razão, que dá o polimento na sua ação, gerando o equilíbrio necessário.

O descontrole emocional nos leva a vivenciar emoções negativas e limitantes como estresse, medo, ansiedade, frustração e outros.

Todas as emoções vivenciadas são criadas na mente de acordo com o *mindset*. Você pode aprender a controlar suas emoções e evitar experimentar as emoções improdutivas.

Não são as situações da vida que fazem com que se perca o controle das emoções, mas sim a interpretação diante daquilo que chama de realidade.

O que nós chamamos de realidade é na verdade nossa interpretação perante os fatos de nossa vida. Somos nós que damos significado às nossas experiências. As pessoas podem perder o controle de suas emoções se não souberem interpretar os fatos de maneira positiva. A maneira positiva é justamente o tipo de *mindset* que a pessoa deve ter para controlar suas emoções.

Você quer ter sucesso? O sucesso inicia-se com um objetivo claro e definido; consolidando-se com plano de ação, atitude e comprometimento.

Não possuir um plano de ação é como viajar sem um mapa em uma estrada desconhecida. O plano de ação é a estratégia para conquistar o sucesso (seus objetivos). Durante a jornada, se necessário, mude a estratégia e redefina a rota (seu plano de ação), um vencedor sempre está preparado para mudanças.

Tenha atitude e não fique esperando que simplesmente aconteça, faça o que tem que ser feito.

Delete a palavra impossível da sua vida, acredite em você, não se deixe levar por aquela voz interior que diz que seu objetivo não é possível.

As atitudes no presente constroem a trajetória do sucesso.

Todas decisões tomadas são resultado de experiências e projeções que almejamos para o futuro.

Para você ter sucesso faça o seu melhor e demonstre comprometimento. Estude, acompanhe as tendências da sua atividade e crie estratégias de crescimento, transformando-se em uma referência no que faz. Levar a vida sem grandes esforços terá como consequência pequenos resultados.

Ter comportamento e atitude de um vencedor é a chave do sucesso.

Martin Luther King disse: "Eu tenho um sonho!"; os sonhos são a matéria-prima dos objetivos.

Para transformar sonhos em objetivos e objetivos em sucesso, as pessoas precisam mudar o *mindset*:

- Ter um objetivo claro e definido.
- Ter constância e disciplina: continuar a caminhada durante no mínimo 21 dias, lendo seus objetivos com emoção e pensamento positivo.
- Vencer os obstáculos internos: substituir as crenças limitantes por fortalecedoras, sair da zona de conforto, ter foco, não procrastinar, ter equilíbrio emocional e força de vontade.
- Traçar um plano de ação.
- Ter atitude e comprometimento.

Ter um objetivo claro e definido é ter o *mindset* comprometido com a conquista do sucesso.

Você quer ter sucesso? Modele seu *mindset* e seja o seu sucesso!

**Referências**
HILL, Napoleon. PETRY, Jacob comentado e adaptado. *As 16 leis do sucesso*. Faro Editorial, 2017.
MARQUES, José Roberto; RIBEIRO, Marta. *Vencendo desafios com coaching*. Editora IBC, Goiânia, 2014.
WILLIAMS, Mark; PENMA, Danny. *Atenção plena: mindfulness*. Editora Sextante, Rio de Janeiro, 2015.

# Capítulo 3

## Asas, quando não voam pesam sobre as costas

Cristiana da Luz

Reconheça quem você se tornou até aqui. Defina seus objetivos, enfrente os desapegos e as transformações que precisa fazer. Priorize o básico, elimine pendências e desenhe seus dias alinhados ao que inspira você a ser melhor. Pense em quem quer ser, ter e fazer nos próximos cinco anos e curta a criação de você mesmo.

## Cristiana da Luz

Apaixonada pela vida. Na sua trajetória tem uma experiência única de amor, trabalho e entrega com mulheres na Índia, Palestina, Egito, Jordânia e Brasil. Palestrante & *life coach*, por meio de seu foco nas áreas de empreendedorismo feminino e autoconhecimento, recebeu algumas premiações relevantes do Sebrae de Santa Catarina, como a Mulher de Negócios (2015) e Talento Empreendedor em Educação (2008). Inspirada por suas paixões, foi vencedora do Prêmio Nacional de Trabalho Voluntário e Humanitário da JCI Brasil (2013), pela sua atuação positiva, facilitando mudanças e descobertas em mulheres pelo mundo. Professora do curso de MBA Executivo em Gestão Estratégica, Inovação e Conhecimento na disciplina de *Coaching* nas Organizações, é pós-graduada em Língua Inglesa e possui cursos na Inglaterra e Canadá. Há 8 anos, ela empreende viagens sabáticas e com propósito, por meio de sua agência Mappa Turismo e Negócios.

**Contatos**
www.cristianadaluz.com.br
luz@cristianadaluz.com.br
Instagram: Cristianadaluz
Facebook: cristianadaluzcoach

## Cristiana da Luz

Aprendi a criar asas enquanto ainda duvidava da existência delas. Foi no abismo, na solidão e no medo - essas coisas que na vida simbolizam mais do que uma queda - que me toquei intimamente e liberei o que em mim era preciso despertar. Hoje sobrevoo devagar e até distraída. Sei do prazer de descer e de subir, porque aprendi que se quero viver do lado de fora do casulo, a vida sempre vai me exigir novos voos.

Tenho uma necessidade forte de voar; já me cobrei por isso, depois entendi que tenho meu ritmo e que ele pertence só a mim. Voar significa ter em mente uma direção, ser movida por um motivo e determinar um ponto de chegada. Quando toco ou movimento minhas costas e sinto um peso, logo me pergunto qual a tradução dessa sensação de desconforto. Tenho carregado algo pesado demais para minha estrutura, como responsabilidades e compromissos? Ou tenho me retraído ao me impedir de seguir o fluxo que minha intuição aponta? Autocrescimento também está nessas respostas, a questão é que quando você ousa a se perguntar e responder, esse peso pode até aumentar caso não se permita a voar na direção das suas respostas.

Lembre-se, nem sempre os voos serão longos ou altos, às vezes basta abrir bem nossas asas para lembrar do poder de escolha que temos, para sentir o peito cheio de atitude, para visualizar uma chegada ao lado de alguém que nos faz falta, de um lugar que nos acolhe, de uma viagem que nos questiona, de um colo que nunca pedimos, de um trabalho que nos enche de orgulho, de uma meta que nos sustenta financeiramente ou de uma solidão que nos define.

Cuide do que você pede para o Universo, porque se fizer a sua parte, ele entrega. Há aqueles que simplesmente seguem o fluxo, ou se agarraram a citações como: "É pra ser assim" e se conformam, ou entram em coma existencial e como autodefesa, não buscam clareza sobre a própria existência. Acredito até que, dependendo do momento da vida, a gente transita um pouco em cada situação. No entanto, faz parte do nosso DNA pedir, confiar no Universo e aguardar a entrega confiante no que há de se apresentar. Bem, também sei que essa *vibe* de autoconhecimento entrega para nós uma responsabilidade, uma agitação, um pulsar e um desconforto que nos pressiona diariamente. Minhas últimas respostas às perguntas:

- Quem me tornei até aqui?
- No que acredito?
- O que existe no estilo de vida que quero para mim?

Entregaram-me afirmações claras sobre minha identidade atual e todas as mudanças que me exigiam.

E agora? As respostas me moveram a mudar de cidade, readaptar meu trabalho, absorver um novo estilo de vida, e ainda assumir a responsabilidade de levar comigo meus três filhos menores, ficando fisicamente longe de minha filha mais velha, o que fazia meu coração doer. Será que eu estava sendo egoísta? Até que, em uma noite, no deserto da Jordânia, entre uma xícara e outra de chá, ouvindo aquelas músicas árabes que entorpecem a sensibilidade, contei minha decisão a uma mulher de Singapura e ela concluiu: "Que lindo Cris, você está sendo honesta consigo mesma e isso é sagrado. Fale para seus filhos que é inteligente ouvir nossas intenções, mas que é nobre segui-las; se preciso, peça perdão a eles, fale que não há garantia alguma em saber se é a melhor escolha, mas que você só quer acertar".

Voltei e mudei ou mudei e voltei? Percebi que a mudança de casa não era mais difícil do que todo o resto que também seria diferente em mim. Que a transição, o ciclo, a fase e as vontades que eu estava passando estavam sendo as mais intensas dos últimos tempos. Tal mudança estava me fazendo deixar o que não correspondia mais a meus objetivos, valores e intenções; e mudar assusta, porque nos esvaziamos do que somos ou temos para percorrer o novo, o desconhecido, o despercebido; como o que acontece quando você entra no guarda roupa do filme de Nárnia; você entra e chega a um novo mundo, inexplorado. Mudar tem a ver com desapegar. Porque se você carregar tudo e todos, inclusive sua rotina, não vai ter espaço para o novo. É preciso selecionar e carregar somente o que faz muito sentido, o que representa você, o que a manifesta. Quanto mais espaço na agenda, nas relações, no trabalho e no pensamento, mais possibilidades de encaixar algo incrível ou/e por que não deixar em aberto por um tempo ou pelo tempo todo?

## O que você precisa deixar e desapegar para abrir espaço ao novo?

Mudar tem a ver com adaptação e a palavra já diz: adaptar uma ação. E que prazeroso é experimentar novas atividades, novos lugares, novos olhares, prazeres e dizeres?! A Cris atual vai se dar mais tempo para ler com os filhos, explorar trilhas e apresentar a eles um jeito mais descomplicado e simples de ser feliz. Ela também vai investir mais no amor, dançar novos ritmos e, com eles, se perder na noite, porque aqui parece que a lua brilha mais. Ela vai fazer *home office* e redesenhar uma rotina de trabalho com espaço para ver o pôr do sol ao som de uma banda qualquer, meditar enquanto a maresia da madrugada molha o cabelo dela, pedalar para as aulas de ioga e na volta comprar produtos veganos enquanto discute física quântica; fazer *crossfit* porque sabe da importância de novos estímulos e viajar muito por outros países, principalmente dentro dela mesma, porque há ainda muito a ser conhecido, e quem sabe mudado.

## Ação e reação

Lei de Newton - você sorri e eu o beijo - Sabe quando a areia está quente mas você não se importa porque está correndo para o mar? É assim que venho ressignificando os dias em que preciso acordar antes do sol, me ausentar das pessoas que amo para encontrar aquelas que eu nem imaginava que existiam, assumir um novo projeto quando resisto em desapegar daqueles que já não têm mais porque persistir. A sola do pé pode até queimar, doer e latejar, mas cá estou eu, tocando o sal do mar com a maior felicidade por chegar mais uma vez. Esforços são necessários, áreas de conforto paralisam a vida, reclamar não resolve e viver sem insatisfações positivas é sem graça. Assim, pensando também na terceira Lei de Newton, a da ação e reação, prefiro reagir intensamente, assumindo a vida que pulsa em mim.

Então, começamos pelo básico; ao receber o mais singular sorriso você reage com teu beijo mais lindo. Para alguns pode até parecer exagero, mas lembro ainda da querida Martha Medeiros, que insiste em afirmar; "...você não tem mais tempo o suficiente para desperdiçar tempo com o que não excita, não surpreende, não deixa você entusiasmado de verdade. Se é para ser meia boca, mais vale deixar para lá..." É hipocrisia ter mais apego às roupas penduradas no *closet*, às marcas destacadas nas vitrines, à pose que desfoca a liberdade, às metas que você assume pela conveniência social do que às vivências e memórias que a vida está lhe oferecendo agora. Se a morte é um dia que vale a pena viver, como diz a autora da obra, Ana Cláudia Quintana; talvez seja porque nesse dia avaliamos se levamos ou não a sério os acordos que fizemos com a gente mesmo durante os anos da nossa existência, pois acredito que a brevidade da vida deveria ser uma pintura fixa no espelho, o qual todos os dias refletimos nossa imagem ao escovar os dentes. Entregue mais do que esperam, surpreenda o mundo com o melhor que você sabe fazer, seja intensa permitindo que sua entrega toque o sagrado de outras mulheres e mova o seu ser confiante no que aflora de dentro para fora de si, porque isso é o que a faz única e necessária.

**E você está sendo honesta com suas escolhas?**

Quando a gente sabe o que e porque quer, é igual focar o mar ou ligar o GPS interno; assumindo responsabilidades pela direção tomada e oportunizando nesse caminhar diário situações que nos permitam expandir. Por isso, quando você decide, se olha, se pega no colo e dá espaço para as pessoas, lugares, conhecimentos e desafios que realmente importam, aí sim seus *chakras* se alinham e a ansiedade é controlada.

**Desenhe seus dias**

Para quase tudo na vida, existem ferramentas, caminhos e meios, que nos garantem atingir nossos objetivos ou pelo menos ter satisfação no caminhar. Alguns posicionamentos fazem a diferença em nossas escolhas e dependem 100% de você:

**1) Tenha motivos -** Sabe aquela pessoa que sempre está com o peso indesejado de cinco ou sete quilos acima? Aí, basta marcar o casamento, e além de atingir o peso estipulado se torna a pessoa mais *fitness* do momento. Como? Isso tudo porque ela visualizou um objetivo, nesse caso, de "arrasar no vestido", além de ter um prazo e uma data fixa para atingir a meta, o que ajuda muito. Sim, objetivos nos tiram da cama cedo, nos fazem enfrentar grandes desafios com leveza e perceber que o medo está mais no pensamento do que na ação.
Quais são os seus?

**2) Pratique mindfulness -** Não adianta fazer meditação todos os dias por 30 minutos em posição de lótus e não se conectar com olhar de quem compartilha o café da manhã contigo. Em um estudo publicado na Science, pesquisadores da Universidade de Harvard

(EUA) apontam que em 46,9% do tempo não estamos prestando atenção ao que fazemos. Praticar *mindfulness* é manter a atenção ao momento presente, o que nos ajuda muito quando o assunto é satisfação pessoal. Comece por respirar profundamente por três vezes seguidas prestando atenção ao ar que move o seu peito.

**3) Elimine pendências -** Para quem quer dar conta das próprias promessas, precisa compreender que o micro se reproduz no macro; ou seja, eu preciso cumprir com as coisas pequenas para ter sucesso nas grandes. Quando eu falo para mim mesma: "Essa semana vou correr todos os dos os dias." Já corri hoje? E ontem? Qual o melhor lugar, horário e quantos quilômetros? Quando crio expectativas e não as cumpro, meu cérebro recebe a informação que não dou conta, que não sou confiável, que não sou capaz. Stephen Covey diz que nossa autoconfiança é proporcional à capacidade de cumprir com aquilo que a gente disse que faria. Assim, pensando em cumprir metas, a dica é; comece colocando em dia as pendências.

Inicie fazendo uma lista do que precisa finalizar ou colocar em dia, com prazo de duas semanas para cumprir; ex: responder as mensagens *de e-mail* e mídias sociais, organizar os armários da cozinha, levar na costureira todas roupas que precisam de ajuste, definir o melhor mês para viajar, marcar a consulta na nutricionista ou no terapeuta etc. Elimine uma a uma, pois, sempre que lembramos do que precisamos fazer e do que está por resolver, geramos em nós um desconforto e gasto de energia; ao contrário, quando resolvemos nossas pendências, criamos espaço em nosso cérebro para coisas novas e nos nutrimos com o sentimento de dever cumprido e capacidade.

**4) Tenha uma rotina inteligente -** Você já deve conhecer a ferramenta Roda da Vida, ela pontua exatamente o seu momento atual nas diversas áreas, como relacionamento, saúde, finanças, carreira etc.; avaliando o que falta você ser, ter ou fazer para ter 100% de satisfação em cada área. Depois de respondê-la, certifique-se de ter espaço no seu quadro semanal para cada ação necessária, especificando com que frequência, qual o melhor dia da semana, horário e local para realizar continuadamente tal ação; pois se é importante, precisa de dia e hora definida para acontecer. Sou fã de uma rotina que nos entregue tempo disponível para nossas necessidades, prioridades e escolhas, pois assim fica muito mais fácil ter disciplina. Se preferir, encaminho - por *e-mail* - um modelo de quadro semanal eficaz quando o assunto é rotina.

Quer saber se você está seguindo uma vida consciente? Marque um X no que faz parte de você hoje:

( ) Tenho claro o que quero para minha vida nos próximos cinco anos.

( ) Sei o que é importante realizar até dezembro deste ano.

( ) Sigo uma rotina semanal com espaço determinado de dias e horários para ações que determinarão meu resultado almejado.

( ) Vivo um estilo de vida – alimentação, leituras, *hobbies*, atividade física, aprendizados, comportamentos – que me faz bem e está alinhado a meus valores.

( ) Convivo com pessoas que admiro e me impulsionam a ser o melhor de mim.

( ) Reconheço meus talentos e os utilizo no que entrego ao mundo por meio de meu trabalho.

( ) Sei de minhas limitações bem como das habilidades que preciso desenvolver nesse momento de minha vida.

( ) Aproprio-me de minhas dores, questionamentos, perdas e medos, não sendo vítima e compreendendo que tudo o que me acontece me fortalece.

Se a soma dos (x) não chegou a quatro, *please*; pare tudo a sua volta e reorganize a sua existência. Pode iniciar pensando, planejando e fazendo acontecer as sentenças acima.
Mas comece agora!

Desejo a você bons motivos pra levantar da cama, viagens pela frente, abraços que a tirem do chão, um monte de planos que a deixem feliz de viver, coragem para reeditar os seus dias, "paradas" quando precisar repousar suas fraquezas na fortaleza de alguém, certezas sobre dúvidas, as quais nem sabia que tinha e que possa ser tão disciplinada a ponto de ser livre.

# Capítulo 4

## Acreditar, perdoar, superar e persistir sempre!

Daniel de Castilho Costa

Os fatos acontecem, as experiências de vida podem vir dos fatos e os fatos são positivos ou negativos. Em ambos os casos, são experiências e precisamos aprender como lidar com elas e só depende de nós – como ser mais feliz perdoando e aprendendo com as experiências negativas, eu vivenciei isso. Acreditar, perdoar e mudar, sempre! E, lembre-se, quem somos e como agimos é uma consequência dos nossos aprendizados.

## Daniel de Castilho Costa

Desde cedo tinha atração pelas coisas erradas, achava o máximo ser "malandro" e manipulador. Aprendeu nas ruas o poder do relacionamento interpessoal e da comunicação – era uma forma de sobrevivência. Sempre gostou de esportes, natação e capoeira em especial, o que o levou a começar Educação Física. Desistiu no meio do caminho, devido a vida louca. Depois de alguns anos, começou Administração e também não terminou, sempre destacando-se por gostar de livros. A leitura era uma fuga que potencializava o seu conhecimento e o poder de persuasão, mas principalmente o que o salvou da morte foi "Um encontro com Deus ". Sem saber, foi formado pela faculdade da vida e atualmente utiliza todas as técnicas e conhecimentos de persuasão e relacionamento interpessoal e valores de "Reino" para o bem, ajudando pessoas por meio de palestras.

**Contatos**
WhatsApp | Palestrante: (11) 97167-9744
WhatsApp | Business, para contratar palestras: (11) 3280-3636
Escritório em São Paulo: (11) 3110-1035

## Daniel de Castilho Costa

Desde a barriga de nossas mães até os dias de hoje estamos numa caminhada incessante, contínua, sem paradas, sem intervalos, e as nossas experiências começaram lá, na barriga de nossas mães, por meio das emoções e sensações que as mães sentiram e sentimos, porque estávamos ligados a elas. Depois veio a infância, onde aconteceram muitas descobertas e principalmente a formação de valores, que ocorrem antes dos 12 anos. Quem somos e como agimos são uma consequência dos nossos aprendizados e experiências.

Dependendo dos pais que você teve, essas etapas fundamentais foram saudáveis e felizes ou desastrosas e traumáticas. A caminhada das experiências maravilhosas e inesquecíveis, como por exemplo viagens, seu primeiro beijo, animais de estimação, experiências na escola, na rua com seus amigos, momentos de conquistas, amor recebido, entre muitas outras, irão ficar guardadas, armazenadas de uma forma positiva e saudável na sua memória e no seu coração. São experiências que se tornam lembranças para toda a vida.

Mas existe o outro lado, de crianças que sofreram abusos, abandono, agressões, perdas, falta de amor, maus tratos... São lembranças ruins de experiências negativas que podem influenciar na vida adulta dessas crianças. É quando o "bicho pega". Não adianta querer colocar essa sujeira "embaixo do tapete" ou arquivá-la fingindo que não existe. É preciso mexer nas feridas, nas sujeiras e espremer até sair todo pus da infecção. É preciso limpar até cicatrizar, em alguns casos vai doer e o sofrimento pode aumentar, mas se você conseguir passar dessa fase tudo vai melhorar. Em resumo, é preciso entender a experiência negativa, perdoar e aprender com ela. Vai valer a pena, "a bagagem" da vida fica mais leve!

Para isso, precisamos lembrar de quando e como aconteceu, reviver a experiência, se foi abandono, por exemplo, vamos perdoar. Se foi um trauma por qualquer outro motivo, vamos refletir, superar e perdoar. Se foi morte de alguém querido, devemos refletir para superá-la e, normalmente, essas curas vêm junto com lágrimas – necessárias. Chorar é preciso e viver com foco no futuro também, guardando as boas recordações e os aprendizados. Liberações de perdão e um esforço de superação, deixar para trás ressentimentos, raivas e afins, e se desapegar do passado, aceitando-o.

No quadro abaixo, temos duas colunas para você, leitor, escrever experiências maravilhosas e inesquecíveis no lado esquerdo, e experiências negativas no lado direito. Escreva quantas quiser e lembrar, feche os olhos e escreva o que lembrar e quiser. As experiências maravilhosas e inesquecíveis devem ser lembradas e os sentimentos potencializados, já as experiências negativas, escreva ao lado (dentro dos valores que aprendeu aqui), o que você pode fazer para conviver com elas sem que prejudiquem a sua produtividade, sem que deixem você desmotivado nem se tornem fardos. Nada pode impedi-lo de alcançar os seus objetivos e metas.

| Experiências maravilhosas e inesquecíveis | Experiências negativas |
|---|---|
| | |

As experiências negativas, na sua maioria têm causas ligadas a uma outra pessoa. Escolha no quadro acima uma das experiências negativas, alguém que o feriu, magoou, traiu, enganou ou qualquer outro que seja o seu sentimento ou experiência. Você já deve ter pensando que nunca mais queria ver essa pessoa, não quer saber e não consegue nem pensar em perdoá-la. É assim que muitos vivem e pensam. Agora, ao terminar de ler essa frase, feche os olhos e pense em momentos felizes e bons que você vivenciou ao lado dessa pessoa em questão, pelo menos por um momento. Reflita como essa pessoa pode ter sentido a sua falta, estar arrependida, magoada ou ressentida e sem coragem para pedir desculpas.

Se você fosse enviar uma mensagem para essa pessoa pedindo desculpas ou apenas dizendo que sente falta dela ou que lembrou de um momento positivo entre vocês, qual seria essa mensagem? Escreva nas linhas abaixo:

___

___

___

No meu caso, posso dizer que é estranho no primeiro momento e não queremos fazer isso, mas descobri o poder do perdão quando fiz uma lista com mais de dez pessoas, muitos da família. Um por um, pedi desculpas e que me perdoassem, pois havia reconhecido os meus erros e estava disposto a não os repetir. Sem saber o que aconteceria, deixei um peso para trás e uma leveza me encheu de alegria, um lindo sorriso surgiu no meu rosto e ninguém precisava ver, era um lindo sorriso para o meu próprio coração. Não apenas por me sentir perdoado e perdoar, mas também por haver decidido mudar de vida e de padrões de comportamento, mudança de *mindset*. Desde então, eu não deixo acumular experiências negativas, primeiro tento evitar que essas situações aconteçam e, se acontecem, resolvo-as.

## Gratidão

O significado da palavra gratidão, que em hebraico se escreve הדות תרכה (lê-se da direita para a esquerda e se pronuncia Hakará Tová), é "reconhecer o bem". O coração olha por meio das lembranças, dos olhos e das experiências novas e guardadas, portanto, como o nosso coração olha é uma decisão espiritual e de interesse de cada um.

Quais são os seus primeiros pensamentos ao acordar? Sem pensar muito, escreva um ou dois.

_____

_____

_____

Você é grato pelas pequenas e grandes conquistas diárias? Escreva duas ou três conquistas que você precisa agradecer, registre-as.

_____

_____

_____

Segundo a ONU (Organização das Nações Unidas), 102 pessoas morrem por minuto no mundo. Agradecer todos os dias ao acordar é o primeiro objetivo para ter um dia mais proveitoso e com experiências positivas. Você acordou e pode fazer do seu dia um dia maravilhoso, a escolha é sua.

## A fé
- Acredite fielmente mesmo sem ainda ter acontecido;
- Estilo de vida alto-astral para conquistar suas metas e objetivos;
- Sem fé é impossível ter grandes conquistas e usar seu potencial;
- Você tem apenas duas formas de levar a vida, seja com fé ou incrédulo, desconfiado de tudo e de todos, inseguro e sentindo que está pisando em ovos.

*A escolha é sua, você decide!*

## Mecanismos mentais e negativos
- Elimine os pensamentos negativos trocando-os por pensamentos positivos. Se for difícil, tente começar evitando alimentar os pensamentos negativos todos os dias, já é um começo;
- Pensamentos são sementes que vamos semear e colher, cuidado com os pensamentos que você está "plantando";
- Os traumas, os medos e as experiências negativas, se não forem superadas, vão gerar mecanismos negativos difíceis de mudar no futuro. O quanto antes aprender a viver com eles sem que prejudiquem você, melhor será o seu dia;
- Seus pensamentos geram palavras que dão ordem direta para seu corpo e mente. Todas as células obedecem a nossos pensamentos e palavras, como por exemplo quando você diz "estamos bem e vamos em frente". Se você disser com convicção, o seu corpo irá acreditar e você terá os resultados desejados. Mas o inverso também pode acontecer quando você pensa e diz, por exemplo, "estou mal, não vou aguentar". Cuidado com os seus pensamentos e palavras.

## Mude ou tudo se repete
- Você tem aprendido com seus erros?
- Você sabe que os erros fazem mal, mas continua fortalecendo-os?
- Você está pronto para dar certo, ou seja, fazer as coisas certas e evitar fazer as coisas erradas?
- Você está preparado para consertar e pedir desculpas quando fizer coisas erradas?

Se pudesse mudar apenas uma coisa hoje, apenas uma para fazer de você uma pessoa mais feliz, o que seria?

_____

_____

_____

### Tricotomia

Na teologia, tricotomia significa "dividido em três partes", que compõem o ser humano: o corpo, a alma e o espírito.

Quantas horas por dia você se dedica para cuidar dos três elementos abaixo?

| |
|---|
| **Corpo** saudável (alimentação, exercícios físicos e dormir bem) |
| **Alma** (ou aprendemos a dominar as nossas emoções ou elas podem nos dominar) |
| **Espírito** (conectar-se com Deus, ou seja, com a sua fé) |

Estamos em pleno século XXI, a todo vapor, globalização, informações de todos os lados: redes sociais, falta de relacionamento interpessoal, esquecemos de conversar e quando conversamos é por mensagens, e vivemos em um mundo *fast food* – tudo rápido e sem vínculos.

Essas loucuras tiram a nossa atenção do que realmente importa: o AGORA. Vivemos mais pensando no que passou ou no futuro do que no momento PRESENTE. Todos querem e gostam de ganhar presentes, mas deixamos de aproveitar o nosso maior presente, que é viver o PRESENTE – o AGORA.

Devemos filtrar o excesso de informações desnecessárias, vigiar para não nos perder com tantos aparelhos inteligentes que podem nos deixar menos inteligentes. Desligue o seu celular nos finais de semana, na madrugada, deixe-o carregando na sala ou longe do seu quarto, valorize os momentos presenciais, os sorrisos e os abraços. Tudo isso não tem preço e vale a pena!

## PARA REFLETIR!

Os tesouros da vida estão escondidos e precisamos cavar, procurar, ir atrás e arriscar diariamente até encontrá-los.

- Quais são seus valores?

_____
_____
_____

- A vida é um sopro e só levamos dela o amor e o carinho que damos e recebemos. Qual foi a sua última mensagem de carinho para alguém que você ama?

_____
_____
_____

- Quais são seus dons que podem fazer de você uma pessoa ainda mais especial?

_____
_____
_____

- Tenha amor por pessoas, mais do que por coisas. Quem você ama e faz tempo que não conversa por falta de tempo?

_____
_____
_____

Em algum momento da minha vida, sofri para aprender tudo o que escrevi aqui. Aprendi, apliquei e sei o quanto foi importante para mim e para as pessoas que eu amo, pense nisso. Tente, pode parecer difícil, mas não é impossível! Só depende de você querer fazer dar certo!

## Capítulo 5

### Pontos fortes e pontos fracos, onde investir esforços?

**Elaine Figueiredo**

Ao pensar em desenvolvimento pessoal ou crescimento profissional, tanto nosso quanto de nossas equipes, existe uma pergunta que sempre fazemos: devemos focar na potencialização dos pontos fortes ou na melhoria dos pontos mais fracos? Ao longo deste capítulo, mostrarei uma maneira de analisar as opções e identificar em qual delas você deverá investir mais esforços.

## Elaine Figueiredo

Graduada em Comunicação Social e pós-graduada em Psicologia Positiva, analista comportamental, líder *coach, master coach*, com formação em Hipnose Ericksoniana, certificada pelo Instituto Brasileiro de Coaching (IBC), com reconhecimento internacional pela Global Coaching Community (GCC), European Coaching Association (ECA), International Coaching Council (ICC), International Association of Coaching (IAC) e Behavioral Coaching Institute (BCI), atua em mais de 25 anos como gestora de equipe, sempre com foco no desenvolvimento de pessoas. Com conhecimentos em gestão de processos e sistema de gestão da qualidade, consegue facilmente entender os fluxos e defender que, para o sucesso dos processos, sempre serão necessárias pessoas engajadas e comprometidas. Atua no autoconhecimento, cura interior e empoderamento das pessoas e usa a Psicologia Positiva para ajudá-las a terem uma vida engajada, prazerosa e significativa, contribuindo para o seu florescimento.

**Contatos**
elainefig@gmail.com
(11) 97267-6247

Qual opção abaixo você acredita que ajudará a ter mais sucesso:

**1. Maximizar e melhorar ainda mais seus pontos fortes**
ou
**2. Aprimorar e fortalecer os seus pontos fracos?**

Guarde sua resposta para o final e vamos continuar a leitura falando um pouco mais sobre o assunto.

A maior parte dos seus dias é dedicada aos seus pontos fortes? Se você respondeu sim, parabéns, mas saiba que você faz parte de um grupo bem pequeno de pessoas.
No livro *Descubra seus pontos fortes*, os autores Marcus Buckingham e Donald O. Clifton relatam que pesquisas feitas pelo Instituto Gallup com mais de 2 milhões de profissionais em várias empresas do mundo apontaram que apenas 20% dos funcionários sentem que seus pontos fortes estão sendo utilizados. Ou seja, 80% dos profissionais entrevistados não sentem que estão usando o que sabem fazer de melhor onde trabalham. Portanto, se a maior parte dos seus dias não está sendo dedicada aos seus pontos fortes, você não está sozinho.

A boa notícia é que podemos mudar isso.

Antes de falar em mudanças, vamos falar um pouco mais sobre pontos fortes e fracos. Para isso, eu convido você a fazer uma viagem no tempo e voltar ao período da escola.

Lembra de quando você ou alguns de seus amiguinhos de classe não iam muito bem em alguma matéria? O que acontecia? As atenções se voltavam para aquelas notas mais baixas e vários esforços eram empreendidos para que elas fossem melhoradas (aulas de reforço, lições de casa, trabalhos, conversas a respeito). Crescemos e essa crença nos acompanhou e, inconscientemente, continuamos a agir assim conosco, muitas vezes sendo autocríticos, em casa com nossos filhos e no trabalho com nossas equipes.

É muito comum nas empresas as pessoas focarem em melhorar seus pontos fracos, pois cresceram acreditando que:

- Qualquer pessoa pode adquirir técnicas e conhecimentos para se tornarem ótimas em todas as atividades que lhes forem propostas;
- As pessoas se tornam melhores no que fazem e podem alcançar o sucesso quando corrigem seus pontos fracos;
- É inteligente focar nos pontos a serem melhorados, pois ali estão as chances de crescimento.

Vários Planos de Desenvolvimento Individual (PDI) são traçados para corrigir pontos fracos e não para aperfeiçoar pontos fortes, fazendo com que grande parte do esforço seja direcionado para aquilo que não se sabe fazer bem ao invés de ser direcionado para aquilo que se sabe fazer melhor.

É claro que nem sempre você poderá atuar apenas onde é mais forte, mas antes de decidir trabalhar as partes mais fracas, algumas análises podem ajudar:

### Devo ignorar meus pontos fracos e focar apenas nos fortes?

Não devemos ignorar nossos pontos fracos, mas devemos analisar a relevância deles para o nosso objetivo.

Antes de traçar um plano de melhoria, devemos entender o que realmente é prioridade. Aqui, sugiro uma reflexão: isso fará a diferença para aquilo que eu quero alcançar? O quanto realmente eu preciso desenvolver essa competência? O quanto isso irá me ajudar a atingir meus objetivos de curto, médio ou longo prazo? O quanto realmente eu quero desenvolver essa competência? Para os meus planos e objetivos, é melhor trabalhar meus pontos fracos ou aperfeiçoar ainda mais os pontos fortes?

Observe que, quando meus pontos fracos não trazem impactos relevantes para o que quero conquistar, é mais vantajoso aperfeiçoar ou ampliar meus pontos fortes, para deixá-los ainda melhores.

### É possível transformar meus pontos fracos em fortes?

Sim, é possível. Podemos trabalhar para a melhoria dos pontos fracos, mas isso demanda mais esforço e energia do que quando focamos em aperfeiçoar aquilo que já somos fortes. Ao contrário do que acontece quando estamos atuando com nossas forças, que fazem com que as atividades fluam com mais leveza, trabalhar em nossos pontos fracos exige mais dedicação e empenho. Além disso, dificilmente alguém se torna excelente numa coisa que não gosta ou não leva jeito.

Novamente reforço que não estou querendo dizer que os pontos fracos devem ser ignorados, mas sim que não devemos olhá-los como uma oportunidade de melhoria. Devemos considerá-los como áreas de menores oportunidades.

Ao focar apenas no desenvolvimento de nossos pontos fracos, onde não temos muita facilidade, nunca seremos os melhores nessas atividades, ao passo que, se o foco estiver nos pontos fortes, onde já existe uma facilidade de desenvolvimento, poderemos passar de um ótimo para excelente, de apenas conhecido, para uma referência no assunto.

Como líderes, o que podemos fazer para enxergar o melhor das pessoas de nossas equipes ou empresas?

Existem muitas opções para isso, mudar a forma de contratação de pessoal, alterar a forma de conversar com a equipe, sendo mais positivo, alterar ou propor melhorias em todo o sistema de contratação de metas e gestão de desempenho, entre outras. Todas são opções válidas, mas não acredito que começar por essas mudanças seja o primeiro caminho a seguir.

Como líder, você deve começar por você. Isso mesmo, você deve ser a primeira pessoa a conhecer, acreditar e aplicar os conceitos de priorização dos pontos fortes.

Novamente, eu me lembro da pergunta do início do capítulo. Você faz parte da maioria (dá maior foco aos pontos fracos) ou da minoria (dá maior foco aos pontos fortes)?

Você conhece seus pontos fortes e fracos? Você acredita que existe algo especial, singular e poderoso que só você tem? E sua equipe? Ela está entre a maioria ou minoria das pessoas? Você conhece os pontos fortes de sua equipe?

Agora, pense comigo: o que pode estar impedindo a maioria das pessoas de focar em seus pontos fortes? Quais são as desculpas ou crenças que as impedem de ter o foco onde podem se tornar excelentes? Talvez as mesmas que já listamos acima. Lembre-se de que fomos educados assim.

Mas o que um líder pode fazer? Como disse anteriormente, a mudança começa de dentro para fora, do "Eu" para os "Outros".

Para se tornar um líder focado em pontos fortes, em primeiro lugar, você deve ter em mente que:

1. Sua essência não será perdida, mas será lapidada e fortalecida e o destacará dos demais.
2. Todos nós podemos aprender tudo, mas cresceremos muito mais rápido nas áreas em que somos mais fortes.
3. Nosso crescimento pode ser acelerado se focarmos nos pontos em que temos mais habilidades e nossas equipes se beneficiarão com isso, pois se cada membro se tornar excelente em alguma coisa, juntos se tornarão uma equipe de alta *performance*.

Com essas verdades em mente, vamos para a segunda etapa, que é descobrir seus pontos fracos e fortes.

Existem várias técnicas para uma autoanálise com esse objetivo, mas hoje quero sugerir uma simples e rápida que poderá ajudá-lo. Para isso, eu convido você a pegar uma folha em branco e dividi-la ao meio.

De um lado escreva "o que gosto muito de fazer" e do outro lado "o que não gosto de fazer" (aqui você pode alterar para o que fizer mais sentido para você, como por exemplo "me sinto bem ou mal fazendo", "o que amo ou odeio", minha recomendação é que sejam opostos).

Pense em atividades do seu dia a dia e as relacione conforme o seu sentimento, nos lados identificados com o título. Após listar, vamos para a próxima etapa, que é o levantamento das informações.

Abaixo de cada item relacionado, coloque um exemplo de alguma ação ou atividade que você tenha usado o que listou. Por exemplo: no lado onde relacionou o que gosta de fazer, você escreveu falar em público. O exemplo poderia ser: "dia em que fiz a palestra para homenagear os pais na escola do meu filho". No lado onde relacionou o que não gosta de fazer, você escreveu dar treinamento. O exemplo poderia ser: "dia em que fui convidado(a) a dar treinamento para outra área e fiquei tão nervoso que esqueci o que iria dizer". Se você conseguir se lembrar do sentimento que teve no dia do exemplo dado, sua autoanálise será ainda mais profunda.

Para ajudar em sua reflexão, é interessante você perceber com quais atividades se sente mais eficaz, a ansiedade de quando começa a fazer, a concentração mais fácil e a satisfação que sente quando finaliza (mesmo que tenha se cansado, a sensação é de satisfação). Essas são algumas das caraterísticas de um ponto forte.

Agora observe qual dos lados tem mais itens. Aqui você já terá uma pista de como está sendo gasta a maior parte do seu tempo.

Como além de descobrir seus pontos fortes e fracos o foco é trabalhar os pontos fortes, vamos seguir com uma ação que poderá ajudar a potencializar ou até mesmo aprimorar os seus pontos fortes. Esta ação é um comprometimento com você mesmo. Lembra do que falamos? A mudança começa de dentro para fora, do "Eu" para os "Outros". Então, antes de propor para sua equipe, comprometa-se consigo a fazer e sentir o resultado, pois aí poderá falar com conhecimento de causa e conseguirá transmitir mais confiança para a sua equipe.

Pronto para começar? Então, vamos lá!

1. Escolha 3 itens do lado "gosto muito de fazer" e trace um plano de ação semanal (se quiser começar com 1 ou 2 também é válido, recomendo 3 para o desafio ser um pouco maior e você sentir aquele "friozinho na barriga" gostoso).

2. Pense em alguma coisa que você poderá fazer durante esta semana que esteja relacionada aos itens escolhidos. Se seguirmos o exemplo dado acima, quando uma das coisas listadas como "gosto muito de fazer" for falar em público, você poderá se oferecer para fazer uma apresentação para uma outra área, por exemplo.

Lembre-se! Por menor que seja a atividade colocada em seu plano de ação, ao realizá-la você sentirá ansiedade para começar, conseguirá facilmente se concentrar para planejar e executar e, ao término, experimentará uma sensação de satisfação e realização.

Conforme for conseguindo realizar as atividades, você terá mais facilidade para encontrar outras semelhantes e encaixá-las na sua rotina diária, pois trabalhará com as atividades que mais se identifica.

Tanto a autoanálise quanto as atividades já citadas poderão ser propostas para a sua equipe, podendo ser feitas em forma de dinâmicas de grupo ou atividades individuais. Desse modo, você ajudará a descobrir os pontos fortes da equipe também.

Outra ferramenta muito importante é o *feedback*. A seguir, deixo algumas dicas que poderão ajudar a trabalhar com o foco nos pontos fortes.

- Dê ênfase aos pontos fortes, destacando-os. Reforce dizendo no que a pessoa já é muito boa e pode se tornar ainda melhor.
- Pergunte o que mais poderia ser aprendido ou realizado se esse ponto forte fosse ainda mais desenvolvido.
- Discutam situações reais onde esse ponto forte poderia ser usado e como poderia ajudar a equipe a se tornar mais forte.
- Proponham-se, juntos, a encontrar atividades que possam desafiar o uso desse ponto forte.
- Compartilhe que se trata de um grande desafio, pois trabalharão em pontos que já são muito bons, mas que juntos conseguirão encontrar formas de deixá-los excelentes.

Como disse anteriormente, você não vai esquecer das fraquezas, mas não vai mais tratá-las como oportunidades. Descubra, com perguntas sobre os pontos fortes, os motivos dos pontos mais fracos (exemplos: por que você gosta mais dessa atividade? Por que tem mais facilidade com esse ou aquele assunto?), todas as respostas o ajudarão a entender os pontos fracos, sem que o foco das perguntas sejam eles.

Ao valorizar os pontos fortes de sua equipe, você terá pessoas motivadas e comprometidas a se desenvolver cada vez mais. Uma equipe motivada e capacitada atingirá altos níveis de produtividade. Altos níveis de produtividade e motivação trazem sentimentos de satisfação. Pessoas satisfeitas são felizes, pessoas felizes valorizam o ambiente de trabalho e ficam.

Resumindo, todos ganham. Ao se sentir valorizada e apoiada por seu líder, uma equipe se torna mais engajada, aceita maiores desafios, assume compromisso com a melhoria contínua e com altos níveis de produtividade, além de manter os seus talentos dentro da empresa.

Altos níveis de engajamento, empoderamento, satisfação, redução de *turnover* (rotatividade), redução de custos (com novas contratações e desligamentos) são algumas consequências de se dar mais ênfase aos pontos fortes no ambiente corporativo.

Pense nisso! Uma mudança de atitude pode interferir positivamente em sua vida, na vida de sua equipe e de sua empresa.

**Referência**
BUCKINGHAM, Marcus; CLIFTON, Donald O. *Descubra os seus pontos fortes.* Rio de Janeiro: Editora Sextante, 2008.

# Capítulo 6

## Psicologia positiva e investigação apreciativa juntas na criação de um modelo de gestão da mudança

**Élen Sicolin Contro**

Neste capítulo, proponho um modelo de atuação para a gestão da mudança organizacional, por meio da união dos preceitos da Psicologia Positiva e da Investigação Apreciativa. Esses conceitos são complementares e vêm sendo aplicados com muito sucesso por todo o mundo ocidental para o desenvolvimento de pessoas e organizações.

## Élen Sicolin Contro

Psicóloga, Mestranda em Psicologia da Saúde pela Universidade Metodista de São Paulo com linha de pesquisa em Psicologia Organizacional e do Trabalho. Especialista em Liderança e Gestão pela AMF. Sócia na Consultoria Humano Mais: Gestão de Pessoas e Negócios. *Executive coach* e Analista Alpha pela Sociedade Brasileira de Coaching. Dez anos de experiência na área de Gestão de Pessoas, Recursos Humanos e Psicologia Organizacional e do Trabalho ocupando cargos estratégicos. Atuação com Desenvolvimento de Lideranças, Educação Corporativa, Programa de *Trainee*, Estágios, Pesquisa de Clima, Análise e Avaliação de , *coaching* para Times, Avaliação de Desempenho 360º e outros. Coordenadora do Núcleo de Psicologia da Associação Heroica atuando com apoio e reconhecimento de potencialidades para mulheres em situação de vulnerabilidade.

**Contatos**
www.humanomais.com.br
elen.contro@humanomais.com.br
Instagram: humanomais
(11) 98465-8948

A relação do ser humano com o trabalho tem sofrido profundas mudanças por interferência das novas tecnologias, dos novos desejos por realização por meio do trabalho e da nova visão da empresa em relação ao colaborador que desenvolve a atividade técnica.

Os modelos vindos da Revolução Industrial não se adéquam à atual realidade, uma vez que na atualidade o profissional não se contenta apenas em receber dinheiro como retribuição do trabalho prestado e não se vê como uma peça da engrenagem.

Essa modificação de padrão ultrapassou os limites internos, ocasionando também mudanças substanciais nos relacionamentos externos. Portanto, é impossível a manutenção do status anterior.

As empresas estão percebendo que o colaborador descontente causa prejuízos, danos a si e à empresa, afasta-se mais por atestados médicos, pede demissão depois de investimentos feitos em treinamento, destrata os clientes ou, no mínimo, não está empenhado e produtivo.

Em um país como o Brasil, onde há instabilidades de todas as ordens, empresários não podem descuidar de nenhum aspecto relativo ao seu negócio, sendo o conteúdo humano o principal ingrediente de um negócio bem-sucedido.

Aqueles modelos em que se apuravam os pontos a serem melhorados refletiam, preponderantemente, o que não era bom, fazendo com que o colaborador saísse das reuniões de *feedback* com uma sensação de ser um verdadeiro fracasso. Isso acabou por criar um modelo de gestão de pessoas com olhar para o negativo, para aquilo que não funciona. Ou seja, estimulou-se um modelo mental (*mindset*) focado nas limitações.

O novo posicionamento traz um olhar positivo sobre as potencialidades, sobre o certo, o bom, e se baseando no que é funcional em detrimento da disfunção. Claro que se pontua o que é necessário melhorar, mas não é a pedra de toque da avaliação, é periférico.

Toda a gestão passa a ser baseada no comportamento humano, nas motivações e no desenvolvimento do capital humano, social e psicológico. O objetivo é o desenvolvimento de todo o potencial individual para fomentar a equipe como um todo.

Esse conceito e interpretação vêm da Psicologia Positiva, do uso de imposições mentais de crescimento ou *mindset* de crescimento. E nesse contexto se insere a Investigação Apreciativa. Esses conceitos são complementares e vêm sendo aplicados com muito sucesso por todo o mundo ocidental para o desenvolvimento de pessoas e organizações.

## Psicologia positiva e investigação apreciativa

Nascidos na década de 1980 e estudados a partir da ideia do olhar para as potencialidades e êxitos e não para os erros, os dois conceitos têm propagado uma avalanche de inovação na forma de treinar pessoas individualmente ou em ambiente organizacional. Essa modificação de padrão trouxe um ganho não apenas humano, mas também financeiro, o que fez despertar o interesse exponencialmente.

A Psicologia Positiva mantém laços estreitos com a Investigação Apreciativa (IA), na medida em que ambas mantêm no coração o positivo em detrimento do negativo, o potencial de uma pessoa sobre seus defeitos incapacitantes, assim como o futuro em oposição ao passado.

Além disso, ambas restauram o lócus de controle nas mãos do indivíduo e dos grupos, permitindo-lhes reformular suas narrativas pessoais e crescer por meio dos desafios.

## Psicologia positiva

Seligman & Csikszentmilyi (2000) trouxeram o conceito científico de que as pessoas podem ser curadas de suas dores (e não de suas doenças) por meio da psicologia, mas em sua vertente positiva, ou seja, exaltando o que se tem de bom e positivo e desfocando o que não é tão bom assim.

Então, o bem-estar e o contentamento pela vida podem ser construídos se aliarmos o olhar para o bom, para o correto, com as preferências e necessidades individuais.

Forças e virtudes individuais são analisadas e esses são os alicerces de toda a tese da Psicologia Positiva. Imaginemos então uma empresa em que cada um dos colaboradores está exatamente onde gostaria de estar e usa o que tem de melhor, suas maiores habilidades e talentos. Imaginemos o sucesso do desempenho deste funcionário.

Segundo Lyubomirsky (2008), 40% de nossa felicidade depende de nós mesmos, 50% é genética e 10% entra na conta das circunstâncias pessoais. Então, temos 40% desse conteúdo que só depende de nós. E exatamente nesse ponto é que age a Psicologia Positiva.

O olhar se volta para as forças internas e, para tanto, faz-se necessário elencá-las. Ao colocar os holofotes sobre as potencialidades individuais, torna-se muito claro que, se soubermos usá-las, alcançaremos a excelência.

Esse pensamento, se praticado nas organizações, faz com que cada departamento, composto de pessoas que fazem uso de suas virtudes naturais, seja excelente. E em uma visão maior, toda a empresa alcançará resultados acima dos esperados.

E então esse conceito esbarra com a Investigação Apreciativa (IA), onde a opinião e a experiência de cada um são fundamentais para a aplicação de soluções.

## Investigação apreciativa

O conceito de Investigação Apreciativa (IA), nascido simultaneamente com a Psicologia Positiva, é uma ferramenta para atuar na implementação de mudanças em organizações.

Investigação Apreciativa (IA) pode ser descrita como uma abordagem que mistura Psicologia Positiva e narrativa, para criar um "alinhamento de forças" que tornam as fraquezas irrelevantes, capacitando indivíduos e facilitando a resolução de determinados problemas para promulgar a mudança desejada.

A abordagem consiste em ouvir ou "inquirir" os colaboradores e fazer com que deles parta a solução.

Baseia-se na experiência dos colaboradores de cada organização, sendo essa a "matéria-prima" para desenvolver o processo de localização dos recursos e a identificação das potencialidades.

A nova perspectiva tem como ponto-chave a liberdade de contribuição. Isso gera importância, significado e, mais do que isso, comprometimento. A lógica é a de que, se você participou da tomada de decisão sobre o que deve ser alterado para melhor, sinta-se empenhado na efetivação das mudanças, pois participou das escolhas.

Por muito tempo trabalhando junto às organizações, pudemos apurar o real desejo dos colaboradores em participar da vida da empresa, das decisões, dos louros e dos prejuízos. Mesmo em situação de derrocada financeira, percebemos que os colaboradores que já estavam em uma cultura participativa foram muito mais empenhados em recuperar a empresa e a se submeterem a diversas ações necessárias para a restruturação da organização.

A ideia não é, de forma alguma, voltar a um momento histórico onde o trabalhador era explorado e dividia com o empregador todos os riscos e ônus do empreendimento. Ao contrário disso, a ideia é a inclusão nos procedimentos decisórios e atraí-lo para as escolhas que efetivamente darão resultados positivos para aquela área, órgão ou departamento.

Fica muito nítido que essa inversão de usar as técnicas bem-sucedidas, trabalhar com o que funciona, em vez de solucionar conflitos, corrigir erros, pode ser muito mais prazerosa, significativa e produtiva para todos.

## Psicologia positiva e investigação apreciativa unidas num modelo de gestão da mudança organizacional – Criando uma revolução positiva

Saindo do papel e indo para a prática, como criar essa "cultura positiva" dentro das organizações?

A principal maneira pela qual a IA rompe com os métodos tradicionais de resolução de problemas reside na sua capacidade de desviar da atenção dada ao mau desempenho, ao fracasso e à falta de motivação, para desenvolver uma compreensão mais profunda e construtiva da experiência de ser humano.

Ajudar uma organização a navegar por suas próprias memórias positivas, seus valores, esperanças e ambições pode ser extremamente gratificante, e desbloquear novas possibilidades para o seu potencial.

Proponho, a seguir, cinco passos que devem ser tomados para abordar uma determinada questão dentro de uma estrutura de Investigação Apreciativa (IA):

### 1) Definir o que se deseja desenvolver na organização e que será o foco da Investigação

Quando organizações querem fazer mudanças, geralmente empregam o velho modelo de "corrigir" o que está errado. Ou podemos escolher procurar o que já é bom e correto sobre a organização. Essa é a abordagem da Investigação Apreciativa (IA). A diferença está nas perguntas feitas. Abordagem padrão: "Como podemos reduzir as reclamações dos clientes?". Abordagem IA: "Quando os clientes ficaram mais satisfeitos com nosso serviço, o que podemos aprender e aplicar nesses momentos de sucesso?".

É importante definir o foco geral da investigação (o que a organização quer mais). Devido à nossa mentalidade de solução de problemas tradicional, baseada em deficiências, é mais fácil identificar primeiro um problema (o que queremos menos) em vez de pensar no que mais desejamos.

### 2) Investigar os momentos positivos

Na Investigação Apreciativa (IA), usamos entrevistas como maneira de evocar histórias que iluminam os pontos fortes da organização. "Quando estamos funcionando no nosso melhor? Quais características estão presentes?" Histórias positivas – ao contrário de dados, gráficos, listas etc. – agitam a imaginação e geram entusiasmo sobre a organização e o que ela é capaz de realizar no futuro. Dessa forma, descobrimos o que já está funcionando.

Ao desenvolver perguntas positivas que explorem o tópico, é importante estar atento à linguagem usada. A linguagem dessas questões determinará a direção que a investigação tomará (negativa ou positiva) e os resultados da investigação (negativa ou positiva). Apenas fazer perguntas já dispara mudanças em qualquer sistema humano, então aqui todo cuidado é pouco. Lembre-se: as perguntas TÊM que ser positivas, levando todos a pensar e imaginar o futuro almejado.

### 3) Compartilhe as histórias e identifique os pontos em comum

O objetivo neste estágio não é escolher as melhores histórias, mas encontrar quais elementos são comuns aos momentos de maior sucesso e realização. Nesse estágio, pergunte-se: quais são os componentes mais promissores e inspiradores de um futuro desejado? Imagine se todos esses momentos excepcionais se tornassem a norma no futuro!

Incentive as pessoas a reviver verbalmente e compartilhar suas experiências com o grupo. Perguntas abertas provavelmente se mostrarão efetivas em gerar conversas animadas, diálogos e histórias.

### 4) Crie imagens compartilhadas do futuro ideal

Esta etapa pede que os indivíduos criem um futuro em que os pontos altos identificados sejam a realidade cotidiana. A organização literalmente projetará a estrutura – seja recursos, processos, políticas etc. – para alcançar esse futuro desejado. O processo de visão ou sonho consiste em uma imagem visual e uma imagem narrativa, usando palavras.

Imagens visuais podem consistir em desenhos, músicas, esquetes, colagens, danças etc.

A narrativa criada traduz a imagem visual em algo que chamamos Declaração de Sonho. Uma boa Declaração de Sonho liga o melhor "do que é" à sua própria especulação "do que pode ser". É provocante conforme desafia suposições ou rotinas comuns e ajuda a sugerir possibilidades reais desejadas para a organização.

### 5) Criar o futuro ou "dando forma ao sonho"

Aqui devemos construir os planos de ação que darão vida ao sonho (futuro desejado). Indivíduos, membros da equipe e/ou da organização inovam e discutem maneiras de criar o futuro preferido, continuamente aprimorando e construindo as competências necessárias. Também inclui celebrar cada etapa de sucesso que está levando o sistema em direção ao futuro que a organização cocriou.

Neste artigo, procurei dar uma visão da maneira pela qual o Processo de Investigação Apreciativa (IA), aliado à Psicologia Positiva, pode ser aplicado em organizações.

A IA nos permite aprender a fazer melhor as coisas e lidar com os problemas de uma maneira diferente. O modelo que a IA fornece é, fundamentalmente, aquele que demonstra o poder da Psicologia Positiva na prática, para benefício das organizações.

**Referências**
COOPERRIDER, D.L. *Introduction to advances in appreciative inquiry. Constructive Discourse and Human Organization*, Vol. 1. Oxford Elsevier Science, 2004.
COOPERRIDER, D. L.; SRIVASTVA, S. *Appreciative inquiry in organizational life*. Research in Organizational Change and Development, 1, 129-170, 1987.
DWECK, Carol S. *Mindset: a nova psicologia do sucesso*. Tradução S. Duarte. 1. ed. São Paulo: Objetiva, 2017.
LYUBOMIRSKY, S.A. *A ciência da felicidade: como atingir a felicidade real e duradoura.* Rio de Janeiro: Elsevier, 2008.
SELIGMAN, M. *Florescer: uma nova compreensão sobre a natureza da felicidade e do bem-estar.* Rio de Janeiro: Objetiva, 2011.
SELIGMAN, M.; CSIKSZENTMIHALYI, M. *Positive psychology: introduction*. American Psychologist, 55(21) 5 14.doi: http://dx.doi.org/10.1037/0003-066X.55.1.5.

# Capítulo 7

## Mindset e os perigos que ninguém conta

Jaques Grinberg

Você gosta de ler textos felizes e que só trazem conforto e sucesso? Então, este capítulo não é para você. Nele, eu trago desafios, falhas e insatisfações profissionais e pessoais de quem acreditava ter conquistado o sucesso. *Mindset* é um termo em inglês muito bonito, todos querem, mas poucos conhecem os perigos que ninguém conta. Ao descobrir os perigos, você terá menos chances de errar.

## Jaques Grinberg

Consultor de empresas e palestrante especializado em *coaching* de vendas com foco em fidelização e encantamento de clientes por meio do Atendimento Gourmet. MBA em *Marketing* pela Fundace (USP), Gestão de Pessoas pelo IBMEC, Teatro Executivo (Faap), *Coaching* pela Sociedade Brasileira de Coaching (SBC), Formação Profissional em Hipnose Clínica pelo IBFH, Certificado Internacional em PNL, Técnicas de Negociação pelo Dale Carnegie, entre outros cursos. Conhece na prática as dificuldades de vender – é empresário e sócio em quatro empresas. Conhecido nacionalmente por diversos artigos e matérias nos principais jornais do país, rádios e TV, foi capa da revista Exame PME edição 40, participou como convidado do programa PEGN da Globo e é *case* de sucesso no site Sociedade de Negócios do Banco Bradesco. Autor do *best-seller 84 Perguntas que vendem*, publicado pela editora Literare Books com milhares de exemplares vendidos, e autor e coautor em mais de 20 livros de vendas, liderança, carreira, *coaching*, comportamento e empreendedorismo.

**Contatos**
www.queroresultados.com.br
www.imersaoemvendas.com.br
www.jaquesgrinberg.com.br
WhatsApp: (11) 96217-1818

## Jaques Grinberg

Para começar, quero explicar, como foi explicado no volume II deste mesmo título, a diferença entre *coaching* e *mindset*. *Coaching* conduz o cliente a descobrir o melhor caminho e o mais rápido para alcançar os seus objetivos. Força o pensamento por meio de perguntas e desafios para despertar potenciais. O processo de *coaching* é realizado com a ajuda de um profissional conhecido como *coach* e o cliente é chamado de *coachee*. O processo de *coaching* não é terapia e tem um começo e fim com um único objetivo. Todo o processo é focado nesse objetivo com exercícios para serem feitos entre um encontro e outro, conhecido como *to do* (para fazer). Os resultados são comprovados cientificamente e existem diversos tipos e áreas, tais como: de vida, profissional, financeiro, para passar em provas, emagrecimento, liderança, entre outros.

*Mindset* é como nós compreendemos e avaliamos ou julgamos o que acontece em nossas vidas. É a soma de ideias, valores e crenças de uma pessoa que gera decisões e atitudes. Existem dois tipos de mentalidades distintas: a fixa e a progressiva. A fixa é quem acredita que não pode mudar, que dons e determinadas capacidades não se desenvolvem. Quem tem mentalidade fixa possui uma tendência em ter pensamentos negativos tanto no âmbito pessoal como no profissional. Já as pessoas com mentalidade progressiva acreditam que seus dons e determinadas capacidades podem ser desenvolvidos. Geralmente quem tem mentalidade progressiva transforma desafios (dificuldades ou problemas) em oportunidades.

Quando falamos de *mindset*, a mudança faz uma pessoa sair da zona de conforto, faz descobrir novos caminhos, sejam positivos ou negativos. Independentemente do resultado, durante o processo de mudança nos tornamos mais fortes, confiantes e, com isso, o medo de errar vai embora. Quando o medo vai embora, deixamos de observar os detalhes e buscamos o nosso sonho, e é nesse momento que os problemas podem surgir. Ninguém é perfeito e todos comentem erros. Minha mãe, meu pai, eu e você cometemos erros. Ninguém escapa, cada um com seu estilo e seus erros. Recentemente conversei com um amigo empreendedor e quero tentar descrever o nosso diálogo:

Eu: — Fernando, eu entendo as suas dificuldades, empreender no Brasil é um grande desafio. Desde que você começou a empreender, quais foram as principais mudanças na sua vida?

Fernando: — É verdade, empreender no Brasil não é fácil e eu tive que mudar bastante. Quando eu era funcionário, só reclamava e achava que os empresários exploravam os seus colaboradores. Fazia parte do grupo de funcionários que almoçavam juntos para reclamar da empresa e, ainda, quando chegava em casa ficava reclamando para a minha esposa e a filha. Foi assim na casa dos meus pais... (pausa e respiração ofegante).

Eu: — Eu entendo, Fernando. Explique com calma como foi na casa dos seus pais.

Fernando: — Meu pai chegava em casa e ficava reclamando do trabalho, e minha mãe ficava chateada, nada ela podia fazer. Era dona de casa, cuidava dos quatro filhos e quando tinha tempo fazia faxina para ter uma renda extra e ajudar a minha avó que estava doente. Cresci ouvindo que ser funcionário é ruim e bom é ser chefe e dono de empresa.

Eu: — Parabéns! Você conseguiu e hoje é um empresário de sucesso.

Fernando: — Posso falar a verdade, essa mudança não foi positiva. Descobri errando que ser empresário não é fácil, fácil é ser funcionário. Com ou sem dinheiro no final do mês, recebe o seu salário. As dificuldades e os desafios são diferentes, mas os problemas e os riscos bem menores. Se eu pudesse voltar ao passado, teria ficado na zona de conforto e continuaria sendo funcionário e não reclamaria mais. Que saudades daquela época!!!

Eu: — Mas empreender também tem suas vantagens, como diz um outro amigo meu, empreender é como o céu, não tem limites.

Fernando: — Mas quem disse que eu quero o céu?

O que eu aprendi com essa conversa é que cada um tem uma opinião e não existe certo ou errado. É uma discussão que, se continuada, não teria fim e ninguém sairia vencedor. O certo é aquilo que cada um quer, desde que não prejudique terceiros. Você quer, acredite no seu potencial e aja com planejamento, foco e convicção, assumindo os erros, feliz por tentar.

Cada um busca o seu sucesso, mas o que é sucesso? Para o João, sucesso é ganhar na loteria, para a Manoela, é ser promovida no trabalho, para o Pedro, viajar para o Caribe, para a Juliana, encontrar o amor da sua vida, e para a minha avó, era ter os netos ao seu lado, quietos no sofá. Bastava ficar sentado assistindo à programação de domingo de tarde na televisão.

Jaques Grinberg

O que é sucesso para você?

_____

_____

O que é sucesso para as pessoas que você ama?

_____

_____

O que é sucesso para o seu colega de trabalho?

_____

_____

O que é sucesso para um amigo ou amiga sua?

_____

_____

O que era sucesso para você na sua infância?

_____

_____

Muitas respostas e *insights*, cada um tem uma resposta diferente, mas o sucesso é igual para todos. É a autorrealização. Por causa do sucesso, as pessoas fazem loucuras, assumem riscos, brigam, se afastam de pessoas e quando conquistam o seu objetivo percebem que não era aquilo que iria fazer feliz. É o caso do meu amigo Fernando, cujo sucesso para ele era ser empresário (chefe). Você tem certeza do que é sucesso para você? Pare, reflita e repense! O que é sucesso para você?

Sem percebermos, as nossas atitudes dizem muito sobre nós e sobre o nosso comportamento. O modo como cada um decide agir e fazer as suas escolhas após uma autoanálise pode determinar o sucesso ou o fracasso. Comentei no início deste capítulo que os novos caminhos podem ser positivos ou negativos, mas esqueci de comentar sobre um terceiro caminho: o neutro. Sim, as consequências podem ser positivas, negativas ou neutras.

Segundo a escritora Carol S. Dweck, o modo como enxergamos, seja otimista ou pessimista, e como nos comportamos com as diversas situações da vida é o nosso *mindset*. A cada mudança de como enxergamos e nos comportamos, mudamos a nossa mentalidade, criando uma ressignificação de experiências vividas ou aprendidas de qualquer outra forma. O *mindset* pode ser fixo ou de crescimento.

### *Mindset* fixo

As pessoas que aceitam as condições impostas pela vida ou por terceiros, sem reclamar e sem buscar novas alternativas, têm *mindset* fixo. Pode parecer estranho, mas faz parte desse grupo a maior parte da população. Esse grupo de pessoas acredita que não pode desenvolver novos conhecimentos e habilidades. Aprender um novo idioma ou fazer uma pós-graduação para quê? Mudar de emprego, ter que fazer novas amizades e ir para um ambiente diferente, fico onde estou. Com o que eu ganho pago as contas, não sobra nada, mas a vida é assim mesmo.

Lembrei agora de uma outra conversa que eu tive com o meu amigo Fernando:

Fernando: — Então, Jaques, já não sei mais o que fazer. A situação do país está cada dia mais complicada e as vendas estão caindo. A minha empresa está passando por dificuldades e não podemos fazer nada, é geral. Preciso me conformar!

Eu: — Percebo que você está preocupado com a situação atual da sua empresa e que a crise parece ser geral, mas também conhecemos empresas que estão crescendo e lucrando cada vez mais, inclusive na crise.

Fernando: — Essas empresas estão com sorte, a crise ainda não chegou, mas vai chegar. Eles que aproveitem o momento.

O Fernando, no diálogo acima, não quer perceber que mesmo na crise é possível agir e buscar novos caminhos. Como consultor com foco em vendas e pós-vendas, já ajudei muitas empresas, profissionais autônomos e representantes que também achavam que estavam na crise. Mas quando perceberam que precisavam sair da zona de conforto, mudaram com foco, planejamento e ajuda de um mentor profissional. Cada um no seu tempo e da sua forma, todos conseguiram sair da crise e potencializar os resultados. Já o meu amigo, o Fernando, mudou ao desistir de ser funcionário e tornar-se empreendedor. Ao perceber e encontrar as dificuldades, voltou a ter mentalidade de funcionário, mas como empresário. São atitudes e formas de agir diferentes, o *mindset* estava no passado. Os problemas aumentam quando os nossos pensamentos e formas de agir estão inconsistentes com a nossa realidade. É preciso mudar, sim, coerente com nossa realidade atual e com foco no futuro.

### *Mindset* progressivo

Esse é um outro grupo, com muitas pessoas que buscam crescimento e mudanças. O *mindset* progressivo também é conhecido como *mindset* de crescimento, de pessoas que sabem da importância do desenvolvimento pessoal, do conhecimento, de buscar novos talentos e do otimismo. Pense naquele amigo que está sempre feliz e topa tudo, quando acaba o carvão no churrasco ele é o primeiro a se oferecer para ir comprar mais. Sem reclamar, o objetivo dele é resolver os problemas. E aquele outro amigo que está desempregado ou ganhando um salário baixo e quando você pergunta como ele está, responde que está ótimo e que está em busca de novidades.

Semana passada fui jantar com um ex-funcionário, o Carlinhos, e ele me contou algo muito legal que me deixou feliz. Nada melhor do que ter ex-funcionários que se tornaram seus amigos e com sucesso. Sucesso, para quem e de quem? Mas vamos à nossa conversa:

Eu: — Quanto tempo, Carlinhos, como você está?

Carlinhos: — Estou muito bem, consegui o emprego dos meus sonhos. Lembra-se de quando era seu funcionário e você incentivava os funcionários a estudar? Eu aproveitei para fazer diversos cursos.

Eu: — Lembro, sim, naquela época a empresa pagava até 30% dos cursos dos funcionários.

Carlinhos: — Verdade! Mesmo você pagando uma parte dos cursos, poucos funcionários aproveitaram. Alguns até reclamavam que você deveria pagar 100%. Eram desculpas de quem não queria buscar crescimento.

Eu: — Mas me conte, qual é o emprego dos seus sonhos?

Carlinhos: — Você não vai acreditar, hoje sou confeiteiro e, apesar de ter um salário, que para muitos é baixo, estou tão feliz que consigo até poupar no final do mês. O importante não é quanto ganhamos, mas quanto gastamos, e fazendo o que eu gosto aprendi a gastar menos. A felicidade não está nos bens materiais, mas sim em fazer o que gostamos.

Aprendi com o Carlinhos que para conquistar o nosso sucesso é preciso mudar. A hora certa de mudar é antes que seja preciso mudar! Pense nisso! Para as pessoas do grupo do *mindset* progressivo, a persistência é uma aptidão relevante e o pensamento positivo não pode faltar.

Se você tivesse que escolher um curso para começar na próxima semana, qual seria?
_____
_____

O que impede você de se inscrever nesse curso e começá-lo na próxima semana?
_____
_____

Qual a última oportunidade que apareceu na sua vida e o que você fez para aproveitá-la?
_____
_____

As oportunidades não aparecem duas vezes e, por esse motivo, é preciso estar preparado e motivado para agarrá-las. Muitas vezes, as oportunidades podem vir disfarçadas de "pedras no seu caminho", mas se você desistir, tenho certeza de que não terá sucesso. A escolha é sua, pode ser positiva, negativa ou neutra, qual a sua escolha? Eu acredito em você, acredite em você, você também!

## Capítulo 8

### Como ser mais forte e saber o tempo de mudar a direção de sua vida

Leonice Tenório Barbosa dos Santos

A vida é cheia de desafios, não é mesmo? Eu costumo dizer que a vida é uma caixinha de surpresas. E a cada momento que a abrimos, iremos encontrar alguma novidade e, muitas vezes, não sabemos lidar com o presente dessa vida. Mas, diversas vezes, será nos momentos difíceis que encontraremos forças para mudar algo em nossa vida.

## Leonice Tenório Barbosa dos Santos

Graduação em Gestão de Recursos Humanos – Anhembi Morumbi. Certificação em *Coaching, Personal & Professional Coach* e Líder *Coach* - Sociedade Brasileira de Coaching. *Personal Stylist* – Escola de Estilo Dany Padilla – Rio de Janeiro. Consultora de Imagem Corporativa. Palestrante e Coautora do livro *Mapa da vida*.

**Contatos**
leonicecoaching@gmail.com
Instagram: leoglamourfashion
(11) 96356-0085

Quando ligaram para eu participar do artigo de um novo livro, pensei que seria uma ótima oportunidade para escrever minhas experiências de vida e compartilhar com todos.

E aqui estou, e já se passaram quatro anos que escrevi o artigo do livro *Mapa da vida*.

Eu sempre tive vontade de escrever um livro e quem diria que seria convidada e como eu fiquei feliz.

Enfim, foi um processo para participar e, no período mais ou menos de um ano, o livro ficou pronto, me senti especial, sabem aqueles raros momentos em nossas vidas em que temos a oportunidade de realizar um sonho, foi simplesmente maravilhoso e gratificante.

A experiência foi desafiadora, e após minha certificação em *coaching*, tive muitas oportunidades maravilhosas, principalmente de evoluir como pessoa e isso não tem preço.

Com o processo de *coaching* foi possível ajudar pessoas, e me sentia realizada profissionalmente, pois me permitia colocar em prática todo o conhecimento adquirido.

Porque o processo de *coaching* faz a pessoa ter mais consciência dos seus atos e, assim, ter maior percepção de seus comportamentos. Nele, ao refletirmos sobre nossos pensamentos com profundidade, conseguimos encontrar respostas para resolver ou enfrentar situações adversas.

Por meio das experiências de vida, o ser humano depende de seu caráter, valores e princípios, a tendência natural é se tornar uma pessoa melhor, saber lidar com as diferenças e ter mais empatia com o outro.

E como necessitamos evoluir, e quanto mais responsabilidades cada um de nós tivermos, maior será nossa consciência em fazer o que é correto, e assim todos ao nosso redor ganham.

Porque em todo tempo compartilhamos nossas vidas com outras pessoas, não fomos feitos para viver sozinhos, nem nos sentir autossuficientes, acredito que Deus nos criou para conviver uns com os outros da melhor forma possível.

Respeitarmo-nos e ajudarmos quando necessário, pois nossa caminhada será por vezes difícil e, nessas horas, vamos precisar de pessoas para nos ajudar a seguir em frente.

E isso, nos dias de hoje, anda muito escasso, devido à correria do dia, à inovação constante da tecnologia, que é ótima, mas se não fizermos bom uso, perderemos tempo com coisas que não vão agregar em nada às nossas vidas.

Tenho lembranças do passado, em que as pessoas tinham mais tempo, e se reuniam mais com os amigos e familiares para tomar um café da tarde ou um gostoso e animado almoço, no qual até era comum cada um trazer um prato.

Bem, na verdade eu cultivo isso até hoje em minha vida, mesmo com as atividades do dia a dia acredito que podemos administrar o tempo da melhor forma. E como é importante estarmos com pessoas que amamos, e são importantes em nossas vidas.

Porque, na caminhada da vida, o que realmente fica são as lembranças dos momentos vividos. Pois o tempo não para, não é mesmo? E, pensando nisso, pare por um minuto e pense em sua vida.

O que você tem feito de sua vida? Em que tem desperdiçado o seu tempo? Está valendo a pena ou não? Se a resposta for negativa, procure mudar a direção. Para você ter mais qualidade de vida, muitos pensam que qualidade de vida está relacionada a bens materiais. E isso não é bem uma verdade. Lógico que se tivermos bens de recursos financeiros, melhor.

Mas essa qualidade de vida de que estou falando é de tempo com a família e para si mesmo. Na verdade, somos pessoas semelhantes, temos as mesmas dificuldades, tristezas, angústias, depressão, medo e, por vezes, o sentimento de vazio, ainda mais quando passamos por situações difíceis em nossas vidas.

Quem nunca pensou em desistir? Ou ficou com medo de seguir adiante, mediante as decisões que precisamos enfrentar? Nesse momento, surgem as dúvidas, em qual direção seguir, se está certa ou errada, são tantos os obstáculos a serem vencidos.

**"Como enfrentei meu momento de dor"**

Que momento você está enfrentando agora? Eu não sei, mas vou compartilhar um desses momentos pelos quais passei.

Na vida não temos controle das situações que iremos passar, não é verdade? E todos são acometidos, em algum momento, de acontecimentos que não queremos, mas que iremos passar.

E, nessas horas, qual será nossa reação? Será que saberemos

lidar com isso? Pois é, essa resposta não temos de pronto, ou melhor, até podemos imaginar como vamos reagir.

A verdade é que só saberemos mesmo quando passarmos por esse momento! Aí sim, vivenciando pela dor a experiência, é que seremos capazes de responder. Sendo essa resposta muito particular de cada um.

Então falarei da minha dor, como foi, e como estou vivendo a partir disso, porque acredito que a melhor forma de ajudar outra pessoa é por meio das lições de vida que temos. Que dependendo da situação, não teremos o que fazer. Como foi o caso do meu amado irmão Evaldo, com 36 anos na época.

Já era semana de Natal, eu estava animada e preparando a casa, e tudo que mulher gosta nessa fase é enfeitar a casa, trocar algumas coisas, comprar outras, enfim. E já pensando que logo eu iria receber as visitas, uma dessas seria a do meu irmão, que passaria conosco.

Ele era uma pessoa tão alegre, engraçada, amorosa, e meu irmão caçula, que eu amava muito, muito. Mas eu não tinha noção o que estava por vir. Só ao lembrar, meus olhos se enchem de lágrimas, e como é triste a saudade.

Bem, como estava dizendo, naquele dia eu estava em casa sozinha arrumando as coisas e, inclusive, iríamos para Campinas no mesmo dia à noite, para visitar minha mãe, que passaria o Natal na praia com meu outro irmão, e o Evaldo já voltaria conosco, para passarmos o Natal juntos, já estava tudo certo.

Quando recebi uma ligação, com a pessoa dizendo que meu irmão estava com pressão alta e tinha sido levado ao médico! Até aí, tudo bem, imaginei que é normal, assim que a pressão baixar ele volta para casa.

Mas foi o contrário, ao passar algumas horas, eu recebi outra ligação, com a informação que a situação era grave. Naquele momento, fiquei sem chão e meio perdida. Não sabia o que fazer, mas logo já estávamos a caminho de Campinas.

Enfim, chegamos por volta das 18 horas e, logo que outro irmão meu havia chegado do hospital, nos deu a notícia. Não tinha mais o que ser feito. Era 21/12/2016, essa data ficará marcada em minha memória. O que eu aprendi com esse momento? Muitas coisas, porque na vida sempre estamos aprendendo.

Eu passei a respeitar mais as minhas vontades porque, muitas vezes, nós deixamos de fazer algumas coisas. Por vários motivos ou até mesmo pensando no que as pessoas vão pensar sobre nossas atitudes e ações.

Nessa fase de dor, eu primeiro me dei a oportunidade de

simplesmente de ficar quieta, não queria e não tinha pique para festas e eventos sociais, mas, com o passar dos dias, eu ia enxergando a vida, e como era fantástico eu ter vida, e poder fazer muitas coisas ainda que tinha vontade, e poder colocar em prática meus projetos de vida.

E passei a ser mais grata a Deus, e também não dar importância a coisas tão pequenas, e aproveitar mais, e com qualidade, o tempo precioso que Deus me deu. E em momentos de dor, o quão importante é ter sabedoria, e buscar novas motivações, foi o que fiz, passei a cuidar mais ainda do meu corpo, mente e espírito. Para assim continuar ter uma vida, equilibrada com paz e alegria.

Porque o que não podemos resolver ou trazer de volta, não adianta remoer, e ficar querendo respostas, pois isso não vai mudar em nada, apenas nos trará mais dor e sofrimento. Mas se pensarmos positivo, sermos gratos pela vida que temos, poderemos viver nossos sonhos, trabalhar e perseverar em alcançar nossos objetivos, isso nos proporcionará paz e contentamento.

Porque a vida é uma dadiva de Deus, então não devemos desperdiçar, mas sim viver com alegria cada dia.

### O que é *mindset*?

*Mindset* possui diversas traduções possíveis: atitude, mentalidade, processo mental, maneira de pensar, paradigma, crenças. Na psicologia cognitiva e na PNL, entendemos crenças como um conjunto de pensamentos que governam outros pensamentos ou a interpretação de estímulos e situações externas.

*Mindset* **fixo:**

Modelo mental que interpreta inteligência ou talentos como características inatas, que permanecem relativamente estáveis ao longo da vida. Principais características:

Pouca abertura ao aprendizado e resistência à mudança – rever seus próprios conhecimentos e opiniões equivale a admitir algum tipo de "falha ou defeito" em seu modo de agir e pensar.

Tendência a permanecer na zona de conforto, baixa resiliência, pouca abertura ao aprendizado e resistência à mudança. O *mindset* fixo como líder gera a necessidade de proteger seu ego por meio de posturas individualistas e autoritárias, desequilibrando seu desempenho e resultados – e os da empresa.

*Mindset* **expandido:**

Amplia sua visão de mundo na qual as mencionadas características podem ser desenvolvidas mediante o esforço. Para pessoas dotadas de *mindset* expandido, inteligências e talentos não são elementos que constituem, ao mesmo tempo, definição e medida de sua identidade – são conteúdos de um potencial que pode ser continuamente ampliado. Esse direcionamento produz respostas comportamentais opostas às do *mindset* fixo, a saber:

Maior abertura ao aprendizado e mudanças, enfrentando os desafios como forma de crescimento e não permanecendo na zona de conforto, resultando em maior resiliência e estabilidade na liderança.

### Virando sua chave mental

*Mindset*, esse é o tema central deste livro, e para ficar claro e bem entendido, qual o significado dessa palavra?

O significado de *mindset*, em sua tradução literal, é configuração da mente (*mind* = mente, *set* = configuração). Suas crenças e seu modelo de pensamento conduzem acontecimentos favoráveis ou não para sua vida, ou seja, tudo em que você se concentra demais acaba acontecendo.

Agora que já sabe qual o significado de *mindset*, você consegue identificar como anda seu pensamento. Se produtivo ou não, e para fazer a mudança, você precisa se conhecer melhor. Isso mesmo, saber o que quer, e quem você é.

Como eu tenho feito em minha vida, eu agora eu estou em transição para uma nova carreira! Sim, estou muito feliz e curtindo cada momento, e me dando a oportunidade de aprender, errar e ir ao encontro do que me faz feliz.

Porque tudo na vida tem um ciclo, acredito nisso, e agora estou seguindo uma nova jornada, cheia de desafios, como tudo em um novo começo, não é mesmo? Compartilho com vocês, estou estudando moda, sempre fui apaixonada por moda, e agora estou seguindo em frente, acredito que terei muito aprendizado.

E como nunca tive medo do novo, ao contrário, sempre gostei de desafios e de coisas novas, não sei o que vai dar certo ou não, mas estou estudando, me dedicando, e o melhor está por vir.

Sugiro que você faça o mesmo, pense, reflita e veja se chegou a hora de mudar. A resposta só você vai poder encontrar, por meio das evidências do que percorreu até aqui.

Faça uma análise de sua vida, e volte alguns anos atrás! Qual foi a resposta que você teve? Ficou feliz em ter atingido metas que você mesmo colocou? Ou não, constatou que o tempo passou e está no mesmo lugar?

Pois bem, essas perguntas e respostas fazem parte de sua

vida, é você que tem a responsabilidade de mudar, ou transformar algo que não está dando certo.

Por exemplo, um relacionamento fracassado, um trabalho infeliz, uma insatisfação com seu corpo, enfim, sua mente vai trazer as respostas que está buscando. Não importa o que deixou de fazer, mas sim o que vai fazer daqui para a frente.

Não jogue as responsabilidades de sua vida em outras pessoas, infelizmente temos o mau hábito de fazer isso, mesmo inconscientemente, seja o autor ou a autora de sua vida.

Pense o que pode fazer de diferente que não tenha feito ainda, procure fazer novas amizades, se matricular em novos cursos, se qualificar, e buscar o seu espaço, com trabalho, foco e determinação. Sim, isso é possível, e para saber se vai dar certo faça, não apenas pense.

Nossa mente é um verdadeiro campo de batalhas, e é nesse campo que travamos nossas maiores lutas e também conquistamos nossos sonhos, tudo depende de como você quer e vai encarar os seus desafios, uma coisa posso garantir: serão vários, de todas as formas.

Com quem você poderá contar de verdade? Bem, eu conto com Deus em tudo o que faço, e ele me ajuda em todo o tempo.

Outra dica importante, procure consultar, em primeiro lugar quando as dúvidas chegarem, a sua consciência, porque dela demanda as respostas assertivas, em que, com mais razão e menos emoção, você vai ter mais domínio próprio de si mesmo e de suas decisões.

Saiba que temos como mudar nossos pensamentos sempre! Se não são bons, transforme em positivos e saia da zona de conforto, ela aparentemente parece boa, mas não é, e o tempo dirá.

O que realmente desejo a todos que estão lendo este artigo é muita saúde em primeiro lugar, alegrias e muitas oportunidades em todas as áreas de suas vidas.

Espero que o conteúdo aqui descrito tenha servido para dar uma nova direção, e um novo recomeço em suas vidas de alguma forma, escrevi cada linha com muita consciência, e de fato buscando tocar alguns corações, com minhas experiências de vida.

Sejam sempre verdadeiros consigo mesmos, busquem ser felizes, deixem a sua mais pura essência liberta e em paz. Sem se preocuparem com os outros e vivam suas vidas da melhor forma com responsabilidade e segurança em tudo o que se propuserem a fazer.

# Capítulo 9

## O fracasso como escada para o sucesso

### Márcio Castilho

Neste capítulo, os leitores vão encontrar uma história de desafios, marcada por altos e baixos, percalços difíceis de superar, mas acima de tudo uma trajetória de vencedor. Mostro como que na dificuldade aparecem as oportunidades, e como o fracasso, mesclado com talento, persistência e muito foco, leva a uma carreira de sucesso.

## Márcio Castilho

Administrador pela Faculdade Dom Pedro II, de São José do Rio Preto-SP (1996), pós-graduado em *Marketing* pelo Instituto de Pós-Graduação (1999) e especialista em vendas por vivência. Carreira bancária de seis anos com passagem por Bradesco e ABN-AMRO. Fundou a CAM – Central de Apoio Monitorado em 2001, onde esteve à frente por cinco anos. Criou a Castseg em 2006, na qual é CEO e presidente, e a desenvolveu como *franchising*, tornando-a a maior franquia de segurança eletrônica do Brasil.

**Contatos**
http://www.castseg.com.br/
castseg@castseg.com.br
Instagram: @marciocastilho.castseg
(17) 98114-0898

## Márcio Castilho

Estudante de administração na Faculdade Dom Pedro II em São José do Rio Preto, interior de São Paulo, Márcio Castilho era um rapaz com grandes ambições. Aos 18 anos, começou a trabalhar no Banco Bradesco, onde desenvolvia as funções de caixa. Até que, em 1999, seu pai, o bancário aposentado João Castilho, precisou de um suporte na restruturação de uma empresa de portões eletrônicos que acabara de adquirir 50%, para alavancar o negócio que passava por dificuldades de vendas.

Márcio gostou do desafio e se comprometeu com Seu João a trabalhar no período das férias. Entretanto, nunca mais voltou para o banco. Ele pediu demissão e tocou o negócio junto ao pai. O ramo, que ainda tinha pouca expressão no mercado brasileiro, era completamente novo para o jovem, que foi estudar sobre o segmento, se encantou e seguiu. O desafio o instigou tanto, a ponto de querer buscar algo próprio e que trouxesse soluções para as pessoas.

A veia empreendedora sempre esteve com Márcio. Aos 16 anos, ainda garoto, montou com um amigo uma loja de embalagens. A sociedade durou apenas um ano, devido à imaturidade dos dois sócios adolescentes. Porém, a vontade de inovar, o desejo de ter a segurança de um negócio próprio e conseguir estabilidade no futuro foram os ingredientes que fizeram com que Márcio, aos 24 anos, deixasse o banco e se embrenhasse sozinho no mundo *business*.

Assim, Seu João resolveu sair da sociedade para atuar como perito e Márcio decidiu que aquele era o momento: comprou a parte do seu pai e do outro sócio. Então, modificou a empresa e passou a comercializar, além dos portões elétricos, equipamentos eletrônicos para segurança, serviço de monitoramento. Tudo isso nos anos 2000, na cidade de São José do Rio Preto, noroeste paulista.

Ele desenvolveu uma base de monitoramento de segurança 24 horas e conseguia alguns clientes por mês. Contudo, seus clientes ainda eram poucos. Por isso, não podia investir muito em estrutura, por ter apenas uma moto para atender às solicitações. Seu concorrente crescia justamente no que Márcio não tinha: infraestrutura. O líder do segmento tinha muitos clientes, pois, além dos serviços oferecidos e equipamentos de segurança, possuía viaturas de monitoramento.

A concorrência acirrada deixou Márcio pensativo, uma vez que não podia investir em estrutura e veículos. Estava caro manter tanto o monitoramento eletrônico quanto os funcionários (o monitoramento 24 horas exige funcionários na escala 12h/36h, além do folguista). Dessa forma, diluída pelo custo, a conta não fechava e estava tendo prejuízos. Como é na dificuldade que aparecem as oportunidades, o empresário decidiu que queria reduzir gastos e um amigo disse: "Tem várias empresas de segurança sem base por aí, por que não se junta a elas?".

Com essa meta, o foco eram as cidades circunvizinhas. As empresas eram poucas, já que o serviço de monitoramento 24 horas ainda não era tão difundido. Porém, ele via ali a chance de crescer, era a saída. Conversou com os empresários da região noroeste paulista e explicou qual era seu trabalho, como desenvolvia, e perguntou-lhes se não queriam oferecer aquele serviço em suas cidades, sendo que o monitoramento seria feito por ele, em sua base remotamente. Dessa forma, o controle ficou em São José do Rio Preto e monitorava todas as cidades vizinhas. Assim, nasceu a Central de Apoio Monitorado, a "CAM Segurança Eletrônica" (CAM), que tinha como objetivo ser o ponto de redução de custo.

Tão logo começou a funcionar a empresa e a ter várias cidades ligadas à CAM, surgiu um problema que confrontava justamente com o foco da empresa: a redução de custos. Enviar um sinal de uma central de alarmes de uma cidade para a base gerava os custos de uma ligação interurbana. Como cada município enviava, no mínimo, cerca de três sinais por dia, a conta telefônica estava ficando altíssima. Eis aí outro problema para Márcio resolver.

A CAM e seus sócios pensaram em algo que também não era visto na região: um sistema de rádio frequência. O transmissor interligava as cidades e enviava sinais para a base sem custo. Dessa forma, o problema dos pulsos das ligações interurbanas foi sanado. Mais uma redução de custo. Feito isso, a CAM precisava ter visibilidade e, para tanto, investimento. Assim, Márcio pensou num plano de *marketing* para atingir mais pessoas.

O primeiro passo foi a mídia tradicional, pois o empresário acreditava no retorno imediato que essa ação traria para a companhia. Dessa forma, comprou inserções nos comerciais do *Bom Dia Brasil*, na TV TEM, afiliada da Rede Globo em São José do Rio Preto. Foi um alto investimento, visto que era a publicidade mais assertiva nos anos 2000 e as redes sociais não tinham o poder e popularidade que têm hoje. Contudo, com apenas duas ou três inserções ao mês, as pessoas da região já comentavam bastante acerca da CAM Segurança Eletrônica. Entretanto, a visibilidade ainda não era a desejada.

Márcio voltou no passado, quando o líder do mercado possuía veículos para vistoria dos alarmes enquanto ele tinha, com muito sufoco, apenas uma moto usada. Ele recordou o quanto aquilo o deixava para trás. Então decidiu plotar todos os carros que os sócios tinham, cerca de uns oito, e a cada domingo fariam um passeio por uma cidade diferente. Isso marcou as pessoas e firmou a CAM Segurança Eletrônica como um grupo, presente em várias cidades, o que gerou muita visibilidade. Ou seja: deu certo!

O crescimento da empresa deu-se por ser uma base cooperada com objetivo de redução de custos. Porém, os sócios não tinham visão de empreender e expandir, desejavam apenas se organizar. Isso não condizia com as pretensões de Márcio para o negócio. Ele viu outra oportunidade. A CAM comprava os produtos e equipamentos de distribuidoras e, nessa movimentação, perdia 40% de valor. Então, pensou que aquele seria o cenário que a companhia deveria aproveitar: ser também uma distribuidora e comprar tudo direto da fábrica, o que seria muito mais barato e aumentaria o poder de venda da empresa.

Todavia, todos os sócios discordaram e não aceitaram a ideia de Márcio. No entanto, ele acreditava que ali era a grande oportunidade para crescer e persistiu. Decidiu que ia seguir com o desafio. Em 2006, vendeu sua carta de clientes para outros sócios da CAM e abriu a Castilho Segurança Distribuidora, que mais tarde seria conhecida como Castseg, e começou atuando na distribuição por São José do Rio Preto.

Um amigo do Mato Grosso veio visitá-lo nas férias, viu seu negócio e quis levar os produtos para vender em Sinop (MT). Márcio ficou receoso, pois era uma cidade pequena do interior, e por seu amigo ser professor de Educação Física, então não entendia nada sobre segurança eletrônica. Mesmo assim resolveu apostar. Adolfo vendeu tudo em pouquíssimo tempo, e as vendas continuaram crescendo. Surgiu ali o primeiro franqueado da Castseg. Então, Márcio pensou que o caminho para a expansão da empresa era ir contra a maré: começar pelas cidades pequenas, depois as grandes. O negócio foi bem, ele inovou ao conseguir franqueados pelo interior do Mato Grosso e de outros Estados.

Como nem tudo são flores, num bom momento, Márcio levou um golpe de milhões de um grupo de franqueados da zona leste de São Paulo. Após três anos de empresa, em 2011 a Castseg quebrou. Praticamente faliu. E Márcio se viu sem saída, sem saber o que fazer para recuperar sua empresa. Os motivos da dificuldade foram muitos: falta de prática de gestão, muitos acordos verbais por confiança nos franqueados e a falta de assessoramento jurídico e contratos bem assegurados. Resultado? Castilho ficou imerso em dívidas.

Na época, com 30 unidades franqueadas, explicou aos franqueados o golpe que tinha levado. "Neste momento, só darei prejuízo a vocês" e os deixou livres do pagamento de multa, caso quisessem sair da empresa. Para sua surpresa, apenas um franqueado pediu rescisão do contrato e os outros resolveram seguir. Isso deu força para Márcio prosseguir e buscar uma saída. Assim, começou a pensar em soluções que pudessem colocar a Castseg nos eixos outra vez.

Equacionar as dívidas foi a medida emergencial para voltar a crescer a passos largos. Era necessário olhar para dentro da rede. Precisava se restruturar para só depois comercializar franquias, então, pausou as vendas de unidades naquele momento. Começou contratando um escritório de advocacia especializado em *franchising* para ajudá-lo a colocar em ordem os acordos, processos de pagamentos de dívidas e toda a área jurídica da empresa que, até então, nem existia.

Márcio admitiu que talvez não fosse conseguir sozinho e arranjou um sócio, que entrou no negócio com um bom dinheiro. Foi o suficiente para quitar dívidas, multas e, principalmente, as contas mais altas, dando uma acalmada na situação. Então, após decidir estancar o crescimento e não vender mais franquias, era necessário reerguer as que já existiam. Aí, então, tudo começou a caminhar... Foram dois anos difíceis, de muito trabalho e esforço. Em 2013, com a empresa equacionada, retomou a rota de expansão de *franchising*.

Durante esse processo de se reerguer, Márcio se deparou com a crescente linha do *e-commerce* entre seus concorrentes. No entanto, foi resiliente, mesmo se sentindo pressionado pelo mercado. O empreendedor não queria seguir pelo mesmo caminho que os demais e percebeu um *gap* em relação ao que as outras empresas ofereciam ao mercado: se boa parte das companhias de segurança eletrônica estavam seguindo para o comércio eletrônico, quem atenderia o cliente presencialmente?

Foi estudando sobre comércio tradicional e eletrônico no Brasil e no exterior que Márcio Castilho descobriu que 90% de *share* do mercado estaria desassistido. Era a chance de mudar e reinventar esse cenário. Aí, começou o trabalho de *mindset*, tanto no empresário, quanto na sua empresa de *franchinsing*. Viu a oportunidade no que "restou", além do *e-commerce*, e quis prosperar. A primeira atitude foi deixar de ser atacadista e distribuidor. Com isso, a Castseg passou a ser uma companhia de varejo e que presta serviço. Assim, além de vender o produto, também oferece soluções de monitoramento, rastreamento e portaria inteligente. Isso fez com que alguns franqueados deixassem o empreendimento, acarretando prejuízos. Como Márcio é determinado, entendeu que era preciso crescer mais rápido a fim de expandir.

A segunda ação foi remodelar as lojas físicas. Excelente localização, em ruas pelos centros das cidades em pontos estratégicos, espaço pequeno e com no máximo três funcionários. Com a experiência em distribuição, comprava direto da fábrica e diminuía os custos dos itens para seus franqueados. Com seu *know-how*, investiu em produtos e *softwares* modernos e voltou a oferecer serviços, como a instalação dos equipamentos, o rastreamento, monitoramento e portaria eletrônica. Era o caminho do sucesso para fazer da Castseg uma das maiores redes de franquias de segurança eletrônica do país com 200 unidades espalhadas por 22 estados.

Em 2019, a empresa ganhou com a chegada de um novo sócio, Leandro Moura, advogado pós-graduado em Direito do Trabalho, empresário que teve franquias de postos de gasolina por 20 anos. Após sofrer um golpe, decidiu que precisava mudar de ramo e encontrou Márcio e a Castseg. Seria o acordo ideal, pois Leandro tinha a experiência administrativa e financeira, e Márcio é 100% comercial.

Leandro entrou com a missão de reestruturar a Castseg. Para ele, seria uma grande mudança e de bastante estudo, pois como atuava em um ramo totalmente diferente, precisava compreender o novo segmento e suas particularidades. Assim, começou mudando os conceitos em relação aos franqueadores, associou-se a parceiros comerciais grandes, como a Motorola, fez contratações importantes, como a implantação de novos sistemas na franqueadora e para portaria inteligente, investiu na comunicação, montou uma equipe de *marketing* para a captação de *leads*, rastreamento e gerenciamento das redes sociais dentro da empresa, além de contratar uma assessoria de imprensa para estar na mídia espontânea e ganhar visibilidade.

A Castseg oferece central compartilhada 24 horas com alarme criptografado e armazenamento de imagens em nuvem, eliminando a possibilidade de perda dos dados. A portaria inteligente é também outro destaque nos serviços da empresa, pois permite a integração dos sistemas de segurança com a expertise de análise de imagens e gerenciamento dos operadores da Castseg. Com essa medida, não há necessidade de equipe de porteiros e o valor do condomínio reduz. Dependendo do condomínio, a redução pode ser de até 60% no valor repassado aos moradores.

O grande passo para 2020 é um aplicativo chamado *Click Cast*, em que, na palma da mão, o cliente vai conseguir fazer o alarme e monitoramento dos seus veículos, controlar a residência ou comércio, objetos, e até mesmo pessoas com alguma doença, como Alzheimer. Toda essa movimentação foi feita em apenas oito meses, o que agregou muito à Castseg, pois mudou a atitude de pensar o mercado: não ser mais apenas uma franquia que vende produtos com o melhor preço, mas também aquela que oferece os melhores e mais modernos serviços.

# Capítulo 10

## Encontrando o melhor *setup* para o sucesso

Rodrigo Canetti

A desconstrução de conceitos os quais achamos que entendemos, mas que podem ser grandes vilões na construção de um *setup* mental mais congruente para nossos objetivos.

## Rodrigo Canetti

Estudou Engenharia, Administração de Empresas e Ciências Contábeis. Teve uma carreira de executivo em multinacional por 18 anos, obtendo resultados surpreendentes, como se tornar gerente aos 25 anos e diretor aos 28 anos. Canetti estuda desenvolvimento humano há 19 anos, realizando dezenas de cursos de psicodrama, hipnose, análise transacional e PNL® (Programação Neurolinguística), entre outros. *Trainer* licenciado em PNL®, assina certificados e é treinado pessoalmente, periodicamente, pelo Dr. Richard Bandler, EUA, criador da PNL®. Encerrada sua carreira executiva, hoje se dedica integralmente ao Instituto Canetti Desenvolvimento Humano, fundado há cinco anos.

**Contatos**
www.canetti.com.br
canetti@ircpnl.com
Facebook / Instagram: @ircpnl @rodrigo_canetti
(41) 99612-7577

Nesses anos formando alunos em Programação Neurolinguística®, os questionamentos os quais mais recebo são de como adquirir modelos mentais mais eficientes para conquistar objetivos os quais estabelecemos durante nossa vida.

A modelagem consiste em identificar estratégias mentais de pessoas que conquistaram sucesso em situações semelhantes às que procuramos. Nessa busca, corremos o risco de nos frustrarmos porque queremos copiar comportamentos e ações de outras pessoas e esquecemos de detalhes importantes, como nossos talentos e nossas habilidades, o que nos faz sermos pessoas únicas.

Para compreender melhor, precisamos aprender como nosso cérebro funciona. Nosso cérebro passa a ideia de ser tão autossuficiente que não pensamos como pensamos e não sentimos como sentimos.

Cada pessoa possui uma interpretação própria de vida, elaborada por suas experiências obtidas durante a sua existência, o que faz com que reaja de forma diferente a situações semelhantes.

Nosso cérebro recebe informações pelos cinco sentidos, as quais passam por filtros pessoais, formatados conforme nossas experiências de vida. Esses filtros fazem com que informações sejam deletadas, distorcidas ou generalizadas. Após as informações serem absorvidas pelos cinco sentidos e submetidas aos nossos filtros naturais de interpretação, em nosso cérebro cria-se uma imagem, que gera uma emoção. Essa emoção é o que antecede nossos comportamentos.

Quando criamos objetivos por meio de conquistas de outras pessoas, corremos o risco de entender que somos exatamente iguais à pessoa referenciada. Sim, possuímos um funcionamento igual, mas não temos experiências de vida iguais, o que nos proporciona uma busca utópica por ser iguais às pessoas que admiramos e não por obter resultados semelhantes.

A flexibilidade de comportamento faz com que possamos entender o sistema, não apenas participar dele, mas a ponto de afetá-lo.

Uma construção pode ser aprendida por meio da desconstrução.

Com a desconstrução de alguns termos, possamos enxergar comportamentos congruentes para se obter sucesso, não como penalizações, obrigações ou dores, mas sim como comportamentos libertadores, motivadores, que nos colocam no caminho para atingir o *setup* mais congruente possível aos nossos objetivos.

Disciplina nos causa uma impressão de um regime, de que precisamos nos sacrificar por algo, para cumprir exigências de um sistema, como regras, como comportamentos necessários para se atingir um sucesso! Comportamentos congruentes com nossos objetivos no presente formam uma disciplina. Os planos para um caminho e futuro impedem que muitas pessoas vençam, porque tudo que fazemos hoje é um plantio para uma colheita futura. Não podemos considerar o plantio como uma colheita? Por que aprendemos a considerar apenas a colheita dos frutos como um atingimento do sucesso? Um excelente plantio não é a colheita de um excelente trabalho? E se entendermos que cada semente plantada significa a colheita de sua disposição a fazer algo? Um sinal objetivo de que você está em movimento? Isso faz com que nos tornemos vencedores. Um vencedor é aquele que vence a todo momento. Vence no preparo, vence no plantio e vence na colheita. A disciplina torna-se comportamentos não árduos, mas prazerosos, porque vencer é prazeroso.

Perceba como podemos facilitar, quando falamos a mesma coisa, mas de uma forma diferente, mais específica: "Para uma maior produtividade diária, ter a disciplina de acordar cedo todos os dias é fundamental" . Mas o que fazem de especial aqueles que acordam cedo? Eles acordam cedo porque já dormiram o suficiente? Dormem mais cedo ou possuem uma necessidade de horas de sono diferente das outras pessoas? Pensamos sempre que as pessoas que acordam cedo estão se sacrificando.

Se isso fosse um pré-requisito para o sucesso, todas as milhares de pessoas que acordam cedo seriam pessoas bem-sucedidas nos negócios, por exemplo. Isso não é uma verdade, porque desses milhares, pouquíssimos são os que realmente vencem, os que atingem seus objetivos.

Não acordamos cedo se dormimos tarde! Não acordamos cedo se não estamos em condições físicas e/ou psicológicas ideais. Antes de pensar que disciplina é acordar cedo, podemos pensar que disciplina é cuidar de nossa saúde, de nossa disposição e não um árduo comportamento que nos gera cansaço excessivo e falta de disposição diurna.

Acreditamos que é prazeroso comer de forma desequilibrada,

que apenas o carboidrato e o açúcar podem nos trazer felicidade. Alimentar de maneira equilibrada e o mais saudável possível não nos traz o corpo dos sonhos, mas sim uma sensação de bem-estar, bom humor, boa forma física, ou seja, um sentimento de corpo saudável. Como vemos isso normalmente? Vamos nos sacrificar para comer bem hoje para amanhã sermos saudáveis? Isso faz sentido? A cada alimento saudável que ingerimos, estamos nos tornando mais saudáveis!

Em nossa cultura, somos inconscientemente regidos pela culpa, mas como funciona? Quando falamos que estamos preocupados com algo, queremos dizer que iremos ocupar antecipadamente nosso tempo com uma finalidade, porém nosso cérebro entende como uma possível culpa futura. Fale em voz alta a palavra "preocupado". Perceba que ouvimos "pré-culpado", ou seja, fazemos algo para que em um possível futuro não nos sintamos culpados. Motivação por uma culpa futura, isso nos ajuda? Quando entendemos que cada ação possui uma intenção e que sempre estamos dando o nosso melhor, não há motivos para nos sentirmos culpados por um passado que não existe mais. Sim, nosso cérebro sempre escolhe o melhor caminho para cada momento. Vou usar um nome fictício para explicar melhor o que considero um dos pressupostos mais importantes do desenvolvimento humano:

João, em um determinado momento, toma uma decisão "X". Um dia depois, João acredita ou foi induzido a acreditar que o João daquele momento poderia ter tomado uma decisão melhor. Ótimo, estamos falando de duas pessoas distintas. O João do momento em que tomou a decisão e o João do momento em que acreditou que poderia ter tomado uma decisão melhor. Quando compreendemos a lógica de que sempre estamos dando o nosso melhor e que todos a todo momento estão dando seus melhores, a culpa deixa de existir, o que resulta em um entendimento de nossas responsabilidades, do entendimento do passado, de nossas ações do presente e de nossas emoções no futuro. A culpa é uma emoção que paralisa, que desmotiva e, principalmente, causa insegurança para nos movimentarmos para a direção mais congruente de nossos objetivos. Planejamos tanto que esquecemos que o futuro não existe e, se ele existir, será mais um presente.

Mais uma "doença" que assombra as pessoas é o acreditar que possuem problemas para tomar decisões. Existem milhares de livros, textos, cursos, palestras que ensinam a como tomar decisões. Atendo diariamente muitas pessoas que chegam até mim porque se consideram incapazes de tomar decisões "corretas" ou, até mesmo, considerando-se pessoas que não tomam decisão alguma.

Somos especialistas em tomar decisões. Tomamos decisões a todo momento: decidimos levantar da cama todas as manhãs, decidimos ir trabalhar, tomamos uma decisão para nossas pernas se movimentarem – o olhar de uma pessoa quando mostro que o fato de estar em meu escritório é fruto de uma tomada decisão é algo incrível.

Quando não decidimos algo, estamos tomando uma decisão em não decidir.

Acreditem, quando tomamos a consciência de que tomamos decisões a todo instante, o medo de errar deixa de existir, porque entendemos que o errado não existe a partir do momento em que algo certo para mim pode ser errado para outra pessoa.

A famosa "zona de conforto" é algo que me incomoda muito, porque vejo que esse julgamento é muito danoso para nosso cérebro. Tudo que nosso cérebro procura é o conforto, então se você está na zona de conforto, por que está lendo um livro como este? Significa que você está na zona de desconforto, porque se estiver no conforto, você está no lugar certo e não possui um descontentamento de sua vida atual. Se você busca se movimentar na direção mais congruente de seus objetivos, o desejo de conquistar novos níveis de sucesso emocional ou material significa que você está na zona de desconforto. Nossas palavras são comandos para nosso cérebro.

O mal do momento é a procrastinação. Outra doença para a qual muitos autores possuem um remédio para curá-la. Se ontem não fizemos algo, foi porque tínhamos algo que consideramos o melhor a ser feito, simples assim.

Precisamos cumprir uma tarefa? Não estamos cumprindo? Sabemos o porquê de as tarefas não estarem sendo cumpridas no momento em que elas precisam ser realizadas? É muito mais simples quando nos rotulamos como uma pessoa procrastinadora. Esse rótulo faz com que seu cérebro se contente em não realizar algo, porque temos um motivo. Após termos esse motivo, precisamos apenas encontrar uma "cura". Precisamos mesmo nos curar porque não fazemos algo que não é importante para nós? Precisamos mesmo nos curar por que não realizamos tarefas que julgamos importantes em um amanhã e não no agora?

Essas formas de pensar de modo diferente sobre pontos importantes eu chamo de realizar um ajuste fino em nossas estratégias mentais, em ter um melhor *setup* para viver de maneira mais livre, ter uma consciência voltada para o presente, sem culpas, sem obrigações, sem julgamentos e sem rótulos. Quem vence é aquele que se sente livre para vencer!

Esses são apenas alguns exemplos que nos fazem pensar como pensamos e sentir como sentimos.

Cuidado com a esperança, ela dá uma sensação de conforto para que você espere por algo. Quando temos esperança, esperamos até que alguém faça algo para mudar uma situação ou esperamos ser merecedores de ganhar uma solução.

Cuidado com a terminação "eria" em verbos no tempo passado, por exemplo: Deveria, poderia etc. Essa terminação elimina a existência concreta da ação que descreve o verbo. Eu "pod/eria" não existe, "dev/eria" não existe, é apenas uma referência ao passado, o qual não pode ser alterado e que gera uma culpa por algo que simplesmente não existe.

Nossa programação mental é vivermos sempre culpados e/ou saudosos por um passado que não existe mais, esperançosos e/ou ansiosos por um futuro que não existe ainda e somos no presente sempre referenciados a alguém. Somos ricos em relação a alguém e pobres em relação a alguém, bonitos em relação a alguém e feios em relação a alguém. Sempre nos tiram do que realmente existe, o presente, o agora!

A dica que eu dou é:

Se algum termo, frase ou palavra gera alguma emoção ineficiente, ou seja, medo, angústia, ansiedade, entre outras, faça a seguinte pergunta: faz realmente sentido? Fale em voz alta e veja se o que aprendemos ser é o que ouvimos ou falamos! Isso nos ajuda a ter o melhor *setup* para sermos vencedores a cada momento.

O melhor *setup*? A leveza, o não julgamento, a ausência de rótulos, a não comparação, a consciência de quem realmente somos, do que fazemos, de nossos talentos, de nosso ser único, de nossas qualidades e o desprendimento de ser quem os outros acreditam que devemos ser.

Repetir entendemos como algo negativo desde criança. Os repetentes, nossos pais não repetem duas vezes uma correção, a repetição em "erros", há perda de tempo pela repetição. Com isso, nosso cérebro se afasta do comportamento repetir, porque acredita ser ruim.

Porém, lembre-se: quem não repete, não persiste, não persevera, não se aperfeiçoa, não evolui, não melhora, não vence!

Inicie todo o seu processo de desconstrução pela repetição!

## Capítulo 11

**Você está exatamente onde seu *MINDSET* permitiu estar**

Saul Christoff

Minha intenção e compromisso com você a partir de agora é ajudá-lo verdadeiramente, de forma simples e direta, a usar seu *mindset* com mais entendimento, propósito e assertividade.

## Saul Christoff

*Master coach*, consultor, palestrante, *mentor*, especialista em T&D de Pessoas e Equipes, pesquisador comportamental, CEO na Christoff & Pazzini. Criador do Programa de Treinamento *TEACHING TRAINING* "TREINAMENTO PARA ENSINAR" – destinado para professores, treinadores, gestores, líderes e profissionais da área de Treinamento e Desenvolvimento Profissional e Humano. Formações na SBC (Sociedade Brasileira de Coaching): *Personal & Professional Coaching; Executive Coaching (Líderes e Executivos de Alta Performance); Positive coaching; career coaching; mentoring coaching; leader coach*; sucesso em liderança (Por Brian Tracy); Psicologia Positiva Aplicada; *Master in Coaching*. Formação: Profissão *Coach* (Gerônimo Theml). Estudou na Ulbra Canoas-RS/Licenciatura em Educação Física. Estudou na Universidade Estácio de Sá de Belo Horizonte – MG/Administração.

**Contatos**
Instagram: SaulChristoff
Facebook: Saul Christoff
LinkedIn: Saul Christoff
WhatsApp: (51) 99181-9393

## Simplificando em 3,2,1...

De uma forma prática e direta, sem entrar em análises aprofundadas, nem tampouco em teorias, abordarei neste artigo "o que", "como" e "por que" nosso *mindset* é responsável por praticamente tudo em nossa vida pessoal e profissional.

Minha intenção e compromisso com você a partir de agora é ajudá-lo verdadeiramente, de forma simples e direta, a usar seu *mindset* com mais entendimento, propósito e assertividade, dando-lhe também mais respaldo sobre o tema, a fim de que você possa também explicar e ajudar outras pessoas a compreender, refletir e se autogerir, assumindo responsabilidades de tudo que pode ser melhorado e aperfeiçoado, da mesma forma ampliando e/ou modificando o que for de entendimento e necessidade para ter uma vida mais feliz, próspera, saudável e plena, convertendo todo esforço e dedicação em resultados extraordinários, em diversas áreas e contextos, com a relevante e real possibilidade de que é possível sempre melhorar, gerando um estado mental e psicológico forte, resiliente, inabalável.

*MINDSET*: termo da língua inglesa que significa: CONFIGURAÇÃO MENTAL. Podendo também ser adotado os temas modelo mental ou mapa mental, como preferir chamar.

### O que é *mindset*?

É o conjunto de experiências, conhecimentos e referências somadas à carga genética e ao temperamento, formando a personalidade e gerando valores, opiniões e crenças, assim ditando e guiando ideias, comportamentos, atitudes, pensamentos e decisões, influenciando diretamente sua vida e as vidas de todas as pessoas que nos cercam.

Quando entramos no processo de pensamento e/ou reflexão sobre algo ou alguma coisa, seja ela qual for, boa ou ruim, grande ou pequena, pessoal ou profissional, real ou imaginária, individual ou coletiva, utilizamos nosso *mindset* como base e princípio para nos guiar sobre nossas decisões, ações, reações, ideias, soluções, enfim, tudo que nos cabe à decisão e/ou ação.

## Como nosso *mindset* nos guia?

Nosso *mindset* nada mais é que nossas experiências, memórias e vivências passadas gravadas em nossa mente que, quando revistas, seja voluntariamente ou involuntariamente, nos guiam e dão alusão para onde devemos ir, o que fazer ou até mesmo o que falar nas vivências presentes e/ou futuras. Também nos ajudam nas tomadas de decisão, baseadas em dores ou prazeres já sentidos e/ou vivenciados anteriormente, tudo o que já vivenciamos e lembramos vem como avisos, sendo assim, da mesma forma, nos dá referências para situações iguais ou similares para ações futuras e, portanto, nos diz como fazer determinada coisa ou tarefa, ação. Ou seja, quando temos que fazer algo, nossa mente imediatamente procura uma experiência ou vivência igual ou similar para nos orientar sobre como proceder e como agir, nos dando ideias, *insights* para o presente ou futuro, mostrando um caminho a ser seguido (mapa mental).

Quando a experiência passada criou um "arquivo" de lembrança "ruim ou negativo", a negação, rejeição, defesa, medo, repulsa, entre outras, vêm à tona para nos "proteger", alertar ou nos direcionar, em suma, nos dão direção, no caso oposto funciona da mesma forma, portanto, positiva ou negativa, essa experiência "volta" para nos dizer o que fazer e como agir.

Quando essas experiências ficam em nossa mente, e nós não criamos consciência de que elas podem nos prejudicar ou atrasar, vindo em forma de crenças limitantes, nosso desenvolvimento reduz a velocidade ou estagna por completo, assim como essas experiências podem bloquear novas ideias e possibilidades mais eficientes, caminhos mais curtos, ideias mais criativas e assim por diante.

Nosso *mindset* cria contextos, atalhos, ajuda-nos a criar planos ou desistir deles, nos revela passos a serem percorridos ou por onde não percorrer e, em muitos casos de tomadas de decisão, age nos dando respostas racionais ou irracionais, respostas que estão em nosso subconsciente.

Por que nosso *mindset* pode nos ajudar ou prejudicar?

Agora vou dar exemplos de como nosso *mindset* (mapa mental) pode nos ajudar ou atrapalhar, dependendo de como ele foi criado e/ou gerado e fixado em nossa mente, definido assim como: *mindset* de crescimento e *mindset* fixo.

### *Mindset* fixo

Pensar e acreditar que suas qualidades são imutáveis, acreditar que nasceu assim e assim ficará até o fim da vida, crer que não pode conquistar tudo o que deseja, afirmar que habilidades são natas, nascem com as pessoas e não podem ser aprendidas ou aperfeiçoadas. Note que a palavra "crer" é a que guia pessoas com *mindset fixo*, e é exatamente isso mesmo, daí vem a tão falada crença limitante, termo usado para designar uma crença que limita o crescimento, você já deve ter ouvido ou lido em algum lugar, não é verdade? Agora esse termo vai fazer mais sentido para você.

### *Mindset* de crescimento

Pensar e refletir sobre tudo o que pode e/ou deve ser melhorado, ter a consciência de que tudo pode ser aprendido ou aperfeiçoado, entender que suas capacidades são como ferramentas, sentir ou entender quando é necessário aplicar mais esforço para conseguir o que deseja, ter a capacidade de se reinventar quando necessário for, saber que é capaz de aprender, modificar ou desenvolver qualquer coisa que propõe verdadeiramente, com esforço e dedicação, por fim, estar sempre aberto a novas experiências para ter mais conhecimento, sem limites e com paixão pela busca do próprio desenvolvimento, sem a necessidade de pressões externas ou obrigatoriedade.

### Seu limite é uma ordem

Agora que você já sabe um pouco sobre *mindset*, tenha consciência de que tudo o que pensar e interiorizar será seu guia e traçará seu caminho, e quanto mais limitados forem seus pensamentos, mais limitadas serão suas decisões.

Agora, pare um pouco para refletir sobre sua vida, relacionamentos com amigos, família, trabalho e responda mentalmente:

Saber mais sobre *mindset* é importante?

O que deseja para seu futuro?

O que está limitando você para conquistar o que deseja?

Alguém já conquistou o que você deseja e como ou o que essa pessoa fez para realizar esse desejo, quais foram os passos?

Qual *mindset* essa pessoa tem, fixo ou de crescimento?

Costumo usar essas perguntas para meus clientes, e sempre escuto praticamente a mesma resposta: "Preciso rever algumas crenças"...

"Não sei isso e não vou aprender nunca", "Não consigo aquilo, não é para mim", "Não vou fazer bem-feito porque nunca o fiz" ou muitas outras crenças limitantes comuns que são ditas e repetidas incansavelmente por muitas pessoas todos os dias.

Você já deve estar fazendo uma retrospectiva de situações neste exato momento, em quem pensou, com quem falou ou fez algo assim, ou ouviu de alguém próximo a você, não é verdade? Pois bem, agora que você já sabe sobre *mindset*, a questão é o que vai fazer com esse conhecimento a partir de agora. Talvez já tenha ouvido falar em um ditado que diz: "A ignorância é uma bênção". Esse ditado fala mais de quem o pronuncia do que a quem é dedicado, cabe a você decidir parar por aqui ou seguir na caminhada do autodesenvolvimento e continuar com os estudos sobre o assunto.

Com o aprofundamento do tema, você se descobrirá e identificará suas crenças limitantes e suas crenças fortalecedoras, criará novas possibilidades que antes não eram aceitáveis ou possíveis, despertará um senso de responsabilidade sobre sua vida e terá mais força para enfrentar suas dificuldades, descobrirá o quanto é importante ter um *mindset* de crescimento, saberá também identificar crenças que limitaram sua jornada em determinada situação de sua vida, além de identificar quando tentam colocar crenças em sua mente que o prejudicam em sua caminhada.

Em todos os aspectos de sua vida, seja com dinheiro, saúde, sucesso, fama, relacionamentos, oportunidades, **o *mindset* de crescimento sempre o conduzirá para seu objetivo, seja lá qual for, ele sempre o guiará!**

### Mude, e tudo mudará

Nada é imutável até que decidamos por assim ser, tanto nas experiências positivas quanto nas negativas, essas que nos causam dor ou prazer, nossa mente retém essas experiências e as transforma em memórias. Fazendo uma analogia simples, podemos dizer que ela processa e arquiva essas informações como em um arquivo de computador. Esses dados ficam armazenados até que sejam solicitados e, quando solicitamos, de forma racional, irracional e/ou emocional, vêm em forma de respostas e estímulos instantaneamente. Porém, saiba que quando estão desatualizados, faltando partes ou não nos dão exatidão, nos induzem a decisões e emoções impróprias com nossos objetivos, e consequentemente trazem mais problemas do que soluções. Cabe a nós modificá-los ou substituí-los para que tenhamos mais êxito em ações e reações, e até mesmo eliminá-los se necessário for. Quando se trata de *mindset* de crescimento, até os problemas que enfrentamos e tratamos cotidianamente servem como ensinamentos, e nos fazem mais experientes e sábios, a questão é como usamos essas experiências e aprendizados.

### Mudança de *mindset*

Como podemos mudar ou modificar nosso *mindset*? Essa, sem dúvida, é a pergunta mais importante e, quando respondida, traz transformações extraordinárias.

O primeiro ponto é identificar e conhecer os diferentes tipos de *mindset*, ter consciência de que podemos transitar de um para outro, dependendo das circunstâncias, cabendo identificar tais circunstâncias em que o *mindset* fixo aflora, substituindo-o pelo de crescimento, criando novos hábitos para a ocasião.

Transformar conhecimento em ação, nada adianta ter conhecimento sem atitude (conhecer, praticar e repetir).

Entender que o fracasso não é o fim nem tampouco uma condenação, mas sim uma circunstância.

O *mindset* faz parte da personalidade de uma pessoa, que pode ser transformada e/ou modificada com o simples conhecimento desses diferentes tipos de *mindset*.

Ter consciência de que não existe certo ou errado, apenas consequências de escolhas e pensamentos.

Ter a crença positiva e de crescimento constante, buscando sempre aprender novas habilidades e cultivando novas aptidões.

Ter curiosidade constante e infinita e sempre buscar novos desafios.

Ter concentração, dedicação e esforço no aprendizado para melhor e mais rápido se desenvolver.

Não se envaidecer com elogios e rótulos positivos sobre sua inteligência.

Saber lidar com o fracasso e sempre utilizá-lo como aprendizado, questionando-se onde, como e por que o fracasso ocorreu, entender os motivos e as circunstâncias para que possa se aperfeiçoar e melhorar.

Ouvir atentamente tudo e a todos, analisar e refletir sobre o que pode ser bom e/ou ruim para você.

Preparar-se para prosperar, com ideias para o presente e futuro que deseja ter, com integridade e responsabilidade.

Ter a capacidade de autogestão, identificando pontos a ser melhorados e agindo sem que haja pressões externas.

Ter a capacidade de acolher *feedback*, assim como dar e ter a generosidade e respeito com todos, independentemente de qualquer nível ou classe, crença ou distinção.

Ter consciência de que tudo é possível com dedicação, esforço e superação de obstáculos, não se abatendo com críticas depreciativas.

Ter humildade para entender quando é necessário pedir ajuda, deixando o ego de lado.

Possuir caráter e valores éticos e morais acima de tudo.

Possuir um *mindset* de crescimento é escolha, é assumir a responsabilidade por tudo que acontece em sua vida, é aprender e ensinar constantemente, é não culpar os outros pela suas incapacidades e incompetências, é pensar corretamente para viver corretamente, investir no autodesenvolvimento e, quando necessário e/ou possível, participar de eventos, *workshops*, fazer cursos, contratar um mentor ou um *coach*, ler e sempre ter interesse em melhorar constantemente, como pessoa, como profissional, como um ser em constante evolução.

Parabéns pelo esforço e dedicação por ter chegado até aqui. A partir de agora, basta seguir seu *mindset*.

Muito obrigado! Espero ter ajudado de alguma forma no seu crescimento e desenvolvimento pessoal e humano.

# Capítulo 12

## Impacto das emoções em resolução de conflitos: a importância da percepção das emoções ao negociar

*Silvia Pedroso Nasrallah*

Este texto fala sobre como o reconhecimento das emoções, sua simples validação pode aumentar um ato produtivo, em diferentes áreas, e gerar bons resultados.

## Silvia Pedroso Nasrallah

Advogada no Escritório Dorsi Pereira Advogados e mediadora. Atua na área cível empresarial e familiar. Membro da Comissão de Mediação da OAB Jabaquara e foi membro efetivo da Comissão de Mediação da OAB Central. Mediadora capacitada pelo Instituto de Mediação e Arbitragem do Brasil (IMAB) e pela Algi-Mediaras. Fez diversos cursos de mediação e negociação na Harvard Law School e na Insper (SP), Pepperdine-Mackenzie (Pepperdine University e Faculdade Mackenzie), Programa Exchanging Hemispheres. Mediadora certificada pelo Instituto de Certificação e Formação de Mediadores Lusófonos (ICFML), entidade ligada ao International Mediation Institute – IMI. Graduada pela Pontifícia Universidade Católica (PUC) em Língua e Literatura Inglesas com especialidade em fonética e tradução; cursou Direito na Universidade Paulista e Pós-Graduação em Direito das Obrigações na FMU/SP. Sócia da Solve Resolução de Conflitos.

**Contatos**
silviagpedroso@yahoo.com
LinkedIn: Silvia Pedroso Nasrallah

Silvia Pedroso Nasrallah

É de extrema importância reconhecer o papel das emoções que surgem em uma sessão de resolução de conflitos ou em uma negociação. É sabido que tudo em nossa vida é uma negociação. Negociação e a tomada de decisão, que consciente ou inconscientemente fazem parte de nossa vida diária, envolvem tanto a razão como a emoção. Em geral, as pessoas buscam justificativas palpáveis, concretas, para justificar uma decisão, por meio de argumentos e fundamentos racionais para chegarem a uma decisão que considerem segura. Contudo, no momento da resolução de conflitos ou de uma negociação, fica evidente que as emoções presentes em comportamentos e tomadas de decisão precisam ser entendidas e geridas para o alcance de decisões mais claras e consensuais.

Já é público que várias emoções podem vir à superfície em uma negociação ou mediação, como ansiedade, irritação, tristeza, decepção, inveja, empolgação e outras. Algumas podem ser positivas, mas outras bastante prejudiciais.

Segundo Eugênio do Carvalhal[1], a irritação e a raiva das partes, por sua vez, têm sido historicamente relacionadas com força e controle da situação, sendo atribuídas a elas boas negociações. De acordo com essas pesquisas, a raiva é responsável por prejudicar o processo ao exacerbar o conflito, obscurecer as percepções e gerar impasses. Outros danos estão relacionados a: redução dos ganhos agregados; limitação da colaboração; aumento do comportamento competitivo; alta taxa de rejeição das propostas.

Portanto, segundo o mencionado autor, aprender a lidar com essas emoções é uma etapa importante para tornar a negociação mais vantajosa.

Os professores Daniel Shapiro e Roger Fisher, no livro *Além da razão*[2], onde discorrem sobre a força da emoção na solução de conflitos, afirmam que as emoções estão sempre presentes e que afetam nossas experiências. Pode-se tentar ignorar uma emoção, mas ela sempre estará presente e em algum momento se manifestará.

---

1 Carvalhal, Eugênio. *Negociação: navegando entre razão e emoção*. Disponível em: FGV Notícias.
2 Fisher, Roger; Shapiro, Daniel. *Beyond reason*. 2.ed. Penguin Books, 2006.

Emoções também afetam o raciocínio, que não fica claro, porque podem provocar pensamentos negativos e dificultam pensar em soluções e estratégias. As emoções positivas, em contrapartida, fazem com que o raciocínio fique mais claro, criativo e flexível.

Emoções afetam também o comportamento, haja vista que cada emoção estimula a agir de maneiras diferentes. Por esse motivo, é importante que o negociador esteja consciente de suas emoções e as de outrem no momento da negociação. É benéfico observar que indícios de emoções estão presentes se há transpiração, os braços cruzados. Quando os indícios são de emoções negativas, o negociador pode mudar sua estratégia e provocar mudanças nas atitudes de seus interlocutores por meio de técnicas específicas. É notório que emoções são contagiosas, a alegria de um pode provocar alegria no outro. Assim como tristeza, raiva e todas as outras emoções.

Nesse raciocínio, as emoções sempre impactarão as negociações e o negociador pode se valer de técnicas que focam no interesse e ajudam a neutralizar as emoções.

Na obra anteriormente citada, *Além da razão*, os autores afirmam ser possível a um interlocutor estimular emoções positivas e superar as negativas ao demonstrar apreço e valorizar a afiliação, autonomia, *status* e a função do outro. Dessa forma, em uma negociação, uma boa estratégia é saber lidar com as camadas emocionais presentes.

Segundo Shapiro, é muito importante levar em conta essas camadas emocionais para obter sucesso em uma negociação. Ao se demonstrar consideração e apreço a um interlocutor, esse se sentirá respeitado e apreciado, o que conduzirá a emoções positivas e ajudará no processo de negociação. Já no caso de se sentir não apreciado, desconsiderado, esse mesmo interlocutor terá emoções negativas, tais como raiva e impaciência. E provavelmente reagirá às emoções de forma prejudicial aos interesses da outra parte. Já quando ele se sente apreciado, as emoções que emergem são as de entusiasmo e afeição, o que o torna cooperativo.[3]

Ter conhecimento dessas camadas emocionais facilita ao profissional, seja o negociador ou o mediador, entender a emoção que subjaz na tomada de decisão e comportamento da outra parte ou interlocutor. Isso pode facilitar o emprego de estratégias que facilitem emoções positivas e são capazes de conduzir ao consenso.

---

3    Fisher, Roger; Shapiro Daniel. Op. cit.

Para Shapiro, enxergar o outro como adversário pode ser uma grande ameaça à negociação. Essa forma de conduta impede que os interlocutores percebam o sentimento e a emoção presentes, levando a críticas e julgamentos, impossibilitando um processo de negociação positivo. Para o autor, é recomendável que cada interlocutor busque sempre entender a perspectiva do outro, encontre méritos no que o outro pensa e comunique a ele essa percepção. São atitudes que expressam o respeito e a atenção de um interlocutor ao outro e que encaminham a negociação para um resultado em que todas as partes ganham.

Sheila Heen, Douglas Stone e Bruce Patton, no livro *Conversas difíceis*, afirmam que as duas tarefas mais árduas em uma comunicação são: expressar sentimentos e escutar. Quando as pessoas têm dificuldade em escutar não é pelo fato de não saberem escutar, mas é porque não sabem como se expressar claramente.[4]

Para ter apreço e valorização, é necessário estar atento ao outro. Isso ocorre porque uma boa escuta precisa de curiosidade sincera sobre a outra pessoa e disposição de manter o foco nela. Contudo, emoções ainda desconhecidas vêm à tona e o foco permanece em quem deveria escutar, e sentimentos contidos permanecem calados e o sentimento de baixa autoestima prevalece.

Segundo os autores, a maioria de nós não conhece seus verdadeiros sentimentos e emoções. Porém, se conhecermos melhor aquilo que sentimos, podemos melhorar nossos relacionamentos e nossa capacidade de negociação.

Argumentam, também, que o fato de não estarmos conscientes de nossas próprias emoções, e muito menos daqueles com quem estamos negociando, leve-nos a fazer críticas e julgamentos sobre suas intenções – sendo possível que essas atitudes desencadeiem desentendimentos. Esses julgamentos e críticas podem nos consumir de tal forma que deixamos de perceber o verdadeiro sentimento que os motiva. Assim, traduzimos nossos sentimentos e emoções em julgamentos, suposições e críticas, inviabilizando um consenso e um melhor entendimento.

Empatia é demonstrar em palavras a compreensão da situação do outro; seus sentimentos, e o sentido pessoal que se dá a isso. Para estabelecer a empatia, aquele que escuta e recebe a informação daquele que está falando, filtra o que recebeu e escutou, fica isento de julgamento e repete com suas palavras

---

4   Stone, Douglas; Patton, Bruce; Heen, Sheila. *Difficult conversations*. Penguin Books 10th Anniversary Edition, 2010.

o que entendeu, para demonstrar compreensão da situação e fazer com que o outro se sinta acolhido e respeitado.

Apesar da resistência por parte de juízes e advogados, estabelecer um processo empático em uma resolução de conflitos ou em uma negociação pode atingir resultados animadores.

Robert Mnookin ensina que ser curioso sobre o outro é muito importante. Em seu livro *Beyond winning*[5], coloca que é importante saber qual é a história do outro lado, não ficar preso à história que supõe conhecer. Ao supor conhecer a história de alguém, fica-se surpreso ao perceber que mais da metade do que se acreditava conhecer são meras suposições.

À medida que a curiosidade e o interesse tornam-se presentes, abre-se espaço para a empatia e para uma melhor preparação da negociação. Por ser uma relação interpessoal, a comunicação tem um papel importante nesse processo e saber ouvir é fundamental. Exatamente nesse ponto é que vamos perceber a influência do uso da empatia.

Existem técnicas amplamente utilizadas pelos profissionais de resolução de conflitos que podem ajudar a diminuir a animosidade e promover o acolhimento, tais como parafrasear, espelhar e verificar o que está sendo dito.

Para Daniel Coleman[6], em seu livro *Inteligência emocional*, a mais poderosa forma de ouvir não defensivamente, claro, é a empatia: ouvir de fato os sentimentos por trás do que está sendo dito. Explica que para uma pessoa realmente entrar em empatia com o outro é preciso que suas próprias reações emocionais se acalmem a um ponto em que ele fique suficientemente receptivo para poder refletir os sentimentos do outro. Sem essa sintonização emocional, é provável que o sentimento de um a respeito do sentimento do outro seja equivocado. "A empatia deteriora-se quando nossos próprios sentimentos são tão fortes que não permitem harmonização fisiológica, mas simplesmente passam por cima de tudo mais."

Ao utilizar técnicas de empatia, estabelece-se confiança e *rapport*. Facilita aos presentes na negociação ou sessão de resolução de conflitos escutar o ponto de vista do outro. Também auxilia cada um a rever seus pontos de vista e perspectivas porque, nesse processo, escuta-se através de outro. A empatia ajuda a

---

5  Mnookin, Robert; Peppet, Scott; Tulumello, Andrew. *Beyond winning*. The Belknap Press Of Harvard University Press, 2000.
6  Coleman, Daniel. *Inteligência emocional.* Rio de Janeiro: Objetiva, 2011.

diminuir a tensão e aumentar o nível de confiança. Um hábil negociador utiliza o conhecimento das técnicas de negociação e as aplica na essência. Um planejamento bem executado contempla o conhecimento do objeto da negociação e o perfil daqueles com quem iremos negociar.

Comumente, os negociadores dão importância e colocam seu foco na parte tática, propostas e contrapropostas e, na maioria das vezes, se esquecem de prestar atenção às emoções.

Nas palavras de Eugênio do Carvalhal[7]:

> Além de navegar nas próprias emoções, um gestor com inteligência emocional sabe a importância da autoconsciência e da empatia nesse processo, identificando e reconhecendo quais emoções são demonstradas pelos outros negociadores. Ao identificá-las, é possível tomar ações específicas para beneficiar-se na negociação. Manter a calma durante todo o processo é fundamental.

Até pouco tempo atrás, o papel das emoções nas negociações era pouco abordado. Não era considerada pertinente a maneira como os sentimentos poderiam influenciar a forma como as pessoas superam conflitos, como chegam a um acordo e como criam valor ao negociar com a outra parte. Negociadores e estudiosos de negociação focavam basicamente em estratégia e táticas, principalmente nas formas como os interlocutores identificam e consideram alternativas, usam moedas de troca, fazem propostas e contrapropostas. Não ocorria aos negociadores que lidar com emoções poderia ajudar a chegar a um resultado satisfatório ou a um consenso. Acreditavam que analisar feitos psicológicos das negociações seria perda de tempo.

Na última década, no entanto, os pesquisadores começaram a examinar como emoções específicas podem afetar o comportamento de negociadores e das partes envolvidas. Quando as negociações focam menos em aspectos negociais ou transacionais e envolvem interlocutores com relacionamentos de longo prazo, entender o papel das emoções é ainda mais importante do que na realização de um acordo baseado somente na transação comercial.

---

7   Carvalhal, Eugênio. *Negociação: navegando entre razão e emoção*. Disponível em: FGV Notícias.

No meio dos profissionais de organizações há uma clara constatação sobre a necessidade de ampliar o conhecimento sobre as práticas, estratégias e técnicas de negociação que tenham enfoque nas emoções. Esse conhecimento mais amplo, profundo e estruturado poderá ajudar a viabilizar acordos mais claros, rápidos, duradouros e eficazes entre as partes envolvidas nos diversos tipos de negociação, especialmente nas de ciclo mais longo, nas quais é recorrente o encontro entre os interlocutores.

**Referências**

CARVALHAL, Eugênio. *Negociação: navegando entre razão e emoção*. Disponível em FGV Notícias: <http://www.vision.com.br/portalnew/artigos/VisionNegociacaoNavegandoRazaoEmocao.pdf>. Acesso em: 27 de fev. de 2020.

COLEMAN, Daniel. *Inteligência emocional*. Rio de Janeiro: Objetiva, 2011.

EKMAN, Paul. *Atlas of emotions*. Disponível em: <http://www.paulekman.com/atlas-of-emotions>. Acesso em: 27 de fev. de 2020.

FISHER, Roger; SHAPIRO, Daniel. *Beyond reason*. 2.ed. Penguin Books, 2006.

MNOOKIN Robert; PEPPET, Scott; TULUMELLO, Andrew. *Beyond winning*. The Belknap Press of Harvard University Press, 2000.

STONE, Douglas; PATTON, Bruce; HEEN, Sheila. *Difficult conversations*. Penguin Books, 10th Anniversary Edition, 2010.

# Capítulo 13

## Coaching para gestores escolares

Tereza C. Z. de Oliveira e Terezinha Paladino

O processo educativo passa por uma série de transformações e encontra-se, hoje, no centro das atenções da sociedade. O *coaching* para gestores escolares tem tanto um olhar para o desenvolvimento do indivíduo, apoiando e oferecendo o suporte necessário para o alcance de novos níveis de e realização profissional, quanto para os impactos de sua atuação nos resultados da instituição.

### Tereza C. Z. de Oliveira

Consultora, *coach* e professora, atua com *Coaching* Professional, Educacional e *Personal Branding*. *Coach* certificada pela Escola de Coaches do EcoSocial (ACTP) e membro da ICF, consultora com formação pela Adigo e psicóloga com licenciatura plena. Desenvolveu suas habilidades como *practitioner* em PNL pela Sociedade Brasileira de PNL e é certificada pelo Instituto Disney em Approach to Business Excellence, People Management, Leadership Excellence e Quality Service.

### Terezinha Paladino

Consultora, *coach* certificada pela Escola de Coaches do EcoSocial (ACTP) e pedagoga. Atua com *Coaching Professional* e Educacional, estagiou na Escola da Ponte, em Portugal, desenvolveu o Programa Educação em Parceria com a Porto Seguro Companhia de Seguros Gerais, contribuindo com a melhoria da qualidade do ensino das escolas públicas de Paraisópolis, em São Paulo-SP. Participou na estruturação da Associação Parceiros da Educação. Durante 18 anos atuou como diretora executiva da Associação Crescer Sempre e por 25 anos como profissional da Educação na rede da SEE do Estado de São Paulo.

### Contatos

**Iris Consultoria Educacional**
iris.consultoriaeducacional@gmail.com
Instagram: Iris Consultoria Educacional
(11) 99900-0435

> "Não posso esperar que algo mude lá fora na vida social se eu mesmo não me puser em movimento."
> Rudolf Steiner

O Brasil gasta anualmente em educação pública cerca de 6% do Produto Interno Bruto (PIB, soma de todos os bens e serviços produzidos no país). Esse valor é superior à média dos países que compõem a Organização para a Cooperação e Desenvolvimento Econômico (OCDE), de 5,5%. No entanto, o país está nas últimas posições em avaliações internacionais de desempenho escolar, ainda que haja casos de sucesso nas esferas estadual e municipal. A avaliação é do relatório Aspectos Fiscais da Educação no Brasil, divulgado em 6/7/2018 pela Secretaria do Tesouro Nacional, do Ministério da Fazenda. Segundo o relatório, o gasto brasileiro também supera países como a Argentina (5,3%), Colômbia (4,7%), o Chile (4,8%), México (5,3%) e os Estados Unidos (5,4%). "Cerca de 80% dos países, incluindo vários países desenvolvidos, gastam menos que o Brasil em educação relativamente ao PIB".

A escola, como um espaço de realização de objetivos e metas do sistema educativo nacional, encontra-se hoje como centro da atenção da sociedade. Esse cenário demonstra que o processo educativo necessita de uma transformação. A atualização das suas práticas pedagógicas faz parte dessa mudança, mas o diferencial é garantir uma liderança eficaz.

Destacando as escolas como instituições vivas que possuem a capacidade de melhorar e de se adaptar a diferentes situações ou contextos, o fazer deixa de ser estático, as hierarquias organizacionais não podem ter como único papel destinar ordens a serem cumpridas, mas devem também criar um ambiente favorável à conquista de resultados sustentáveis, de relações e diálogos construtivos, de reconhecimento, de contribuição e de respeito, garantindo a unidade de trabalho e desenvolvimento.

## A importância do *coaching* para gestores escolares

O *coaching* para uma equipe gestora escolar traz um novo patamar de consciência, um novo olhar para lidar com indicadores camuflados nos processos de liderança, comunicação, relacionamentos interpessoais/ intrapessoais e trabalho em equipe.

Segundo Robert Kegan, o nosso desenvolvimento se divide em 5 níveis de consciência do mundo e de nós mesmos, influenciando a maneira como criamos significado para todas as coisas ao nosso redor. O nível de consciência tem papel fundamental no ambiente de trabalho, especialmente com os líderes. Muitas vezes, espera-se que uma pessoa seja capaz de tomar as próprias decisões, que seja proativa e não se apegue às opiniões dos que estão ao seu redor. A dificuldade em liderar, nesse caso, pode refletir uma questão estrutural do ser humano e não a falta de uma competência técnica ou acadêmica.

Conforme a teoria do desenvolvimento de Kegan, o 1º e 2º estágios dizem respeito à individualidade e são característicos das crianças e adolescentes. A maioria dos adultos está no 3º estágio, onde apresenta a mente socializada, na qual o indivíduo define-se a partir da relação com o meio, cultura e daqueles com quem se relaciona. O 4º estágio de consciência é denominado autoria própria – ideal para a atuação do líder. Nessa fase, é possível avaliar e analisar, independentemente do meio, as diferentes situações. Permite a um líder, por exemplo, ser um cocriador de expectativas em vez de um seguidor fiel dos processos impostos externamente. E, por último, o 5º estágio, que é o de autotransformação. Poucas pessoas conseguem transcender para essa fase. Nela, percebemos os nossos processos interiores e seus impactos nas relações.

## A metodologia do *coaching* para gestores escolares

O *coaching*, em sua essência, ajuda o ser humano a trilhar um caminho de autoconhecimento e ampliação da consciência de si, das relações e dos processos aos quais está inserido. O *coaching* para gestores escolares tem sua aplicação na escola, sendo realizado por meio de dois processos simultâneos e complementares, em que estão presentes tanto metodologias do *coaching* profissional, quanto do *coaching* de grupo.

O processo mescla sessões de *coaching* individual, cujo objetivo primordial é fortalecer os gestores em seus desempenhos profissionais, com sessões de *coaching* em grupo, para que juntos possam rever suas práticas, fortalecer as relações interpessoais e promover a articulação das ações da equipe, com foco na sustentabilidade das metas institucionais.

É muito importante, num primeiro encontro com a equipe gestora, esclarecer o que é o *coaching*, apresentar a estrutura do trabalho a ser desenvolvido, a metodologia que será utilizada e principalmente os aspectos éticos que serão seguidos pelo *coach*, para minimizar o risco de haver pessoas resistentes ao processo. Considerando que uma das maiores dificuldades em *coaching* é definir objetivos e que eles se cumpram no final do processo, este é o melhor momento para tirar todas essas dúvidas, levantar quais as necessidades de desenvolvimento desse grupo e definir qual é a principal necessidade do *coaching* para a instituição.

### O contrato

Segundo definição da International Coaching Federation (ICF), o *coaching* se dá por meio da parceria entre o *coach* e o *performer*, em um processo estimulante e criativo, na busca do alcance de seus objetivos e metas. Dessa forma, o primeiro passo é o estabelecimento dos acordos de *coaching* para que possamos constituir os parâmetros do processo a ser desenvolvido e formalizar a tomada de consciência do *performer* em relação às suas necessidades e expectativas profissionais, assim como seu compromisso.

A sequência das questões do contrato de *coaching* deve traçar um caminho de refinamento da consciência das suas próprias necessidades para chegar à definição da questão-chave. Ao levantar as expectativas, o *performer* é estimulado a trazer todas as suas necessidades de forma espontânea e livre. Nesse momento, é comum assistirmos a uma avalanche de emoções e de desejos representando seus maiores anseios e sonhos.

Segundo nossas experiências, os resultados esperados traduzem uma necessidade do olhar para si e do cuidado dos aspectos de autogestão, para então se fortalecerem para o desenvolvimento da liderança desejada. E aqui analisamos as seguintes necessidades de desenvolvimento: definição de papéis e responsabilidades, melhoria da gestão de processos e seus controles (planejamento, organização, gestão do tempo), liderança e assertividade, orientação para os resultados, gestão dos relacionamentos, alinhamento das equipes e principalmente apropriação do papel de líder.

### As sessões de *coaching* individual

Por meio de uma abordagem colaborativa, o processo de *coaching* se dá pela parceria com os gestores em um processo de apoio e reflexões que lhes inspire a maximizar seus potenciais profissionais e pessoais, por meio de três processos: 1. Identificação da situação/problema; 2. Exploração por meio de perguntas e *assessments*; 3. Apoio/suporte para a elaboração do Plano de Desenvolvimento Individual. Trata-se de uma abordagem de desenvolvimento humano e profissional. É o momento individual, tão desejado e necessário, onde o gestor pode olhar para sua organização interna, expor seus sentimentos, refletir sobre sua postura e suas atitudes, fortalecendo-se de competências necessárias para o seu empoderamento e, assim, se tornar protagonista das suas ações.

**Uso de ferramentas de *assessment***
Autoavaliar-se é um método extremamente produtivo, em que o próprio indivíduo reflete sobre sua trajetória profissional, suas habilidades, competências, dificuldades e traça então seu perfil naquele momento.

Ao usarmos ferramentas de *assessment* no *coaching*, ajudamos o gestor a olhar para si, compreender qual é o seu real "tamanho" e a projetar ações de desenvolvimento para o seu desempenho.

Ao mesmo tempo, o *coach* tem a possibilidade de estabelecer mecanismos de análise dos resultados, e o melhor: sem constrangimento para o profissional, diferentemente do que poderia acontecer em outros processos de avaliação mais conservadores usados na instituição. Como explica Christopher Day (1987), em seus livros sobre desenvolvimento profissional dos professores, os métodos de autoanálise e as práticas de autoavaliação possibilitam a construção da autonomia responsável na escola.

**As sessões de *coaching* de grupo**
Uma das inferências para aprimorar a qualidade do trabalho realizado na escola é constituir um ambiente que estimule a cultura de apoio. É essencial aperfeiçoar os canais de comunicação e fortalecer as relações interpessoais e intrapessoais. O *coaching* de grupo favorece o desenvolvimento dessas ações por meio de dinâmicas de discussão, de estruturação de diálogos abertos, de alinhamento das ações individuais e do estabelecimento de acordos para se constituir uma referência de compromisso e coletividade.

**Resultados do *coaching* para gestores escolares**
Em nossa experiência com mais de 1.100 sessões de *coaching* realizadas com gestores escolares, a avaliação dos participantes do processo de *coaching* para o fortalecimento e alinhamento da equipe de gestão é de 97%. Esse resultado nos dá a possibilidade de

afirmar que os benefícios são tanto positivos para o desempenho individual dos participantes quanto para a instituição como um todo.

O refinamento do estilo de gestão colabora para uma liderança inclusiva, atraindo o grau de responsabilidade dos seus profissionais, influenciando na cultura organizacional e na construção de uma equipe eficaz de professores, funcionários e alunos. A equipe gestora toma consciência do exercício efetivo de seu papel como mantenedora e alicerce de relações produtivas, assim como agente ativo da sustentabilidade dos investimentos e resultados institucionais.

O *coaching* cria possibilidades para a gestão escolar constituir um vínculo de parceria entre seus membros, agregando independência, flexibilidade, abertura, envolvimento, respeito e segurança.

Nas primeiras sessões, o *performer* identifica seu "estado atual" (presente), explora suas experiências (passado) e define o "estado desejado" (visão de futuro). Nesse momento, ele define pelo que quer começar, em relação a quatro grupos de competências norteadoras do trabalho: liderança, comunicação, relacionamento interpessoal e trabalho em equipe. No final do processo, por meio de uma visão sistêmica de "como estou", identificamos com o *performer* o grau de atingimento da situação desejada.

Como podemos observar no gráfico abaixo, de forma geral, todas as competências trabalhadas durante o processo de *coaching* obtêm avanços.

Classificação dos avanços:

1. não é percebido
2. pouco percebido
3. em algumas situações
4. com frequência
5. bastante valorizado

VISÃO GERAL DO ATINGIMENTO DA SITUAÇÃO DESEJADA

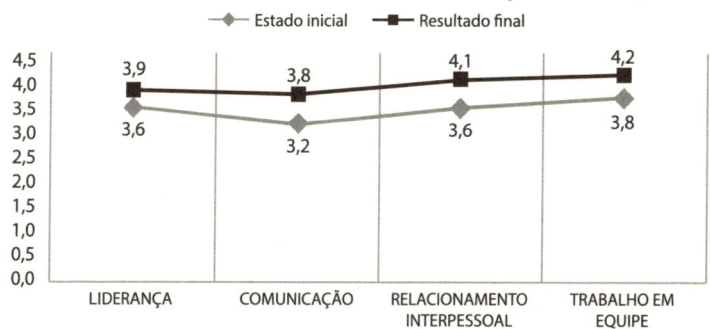

| | Estado inicial | Resultado final |
|---|---|---|
| LIDERANÇA | 3,6 | 3,9 |
| COMUNICAÇÃO | 3,2 | 3,8 |
| RELACIONAMENTO INTERPESSOAL | 3,6 | 4,1 |
| TRABALHO EM EQUIPE | 3,8 | 4,2 |

Os resultados obtidos por meio do programa de *coaching*, nos traz a certeza de que existe um querer dos gestores em obter um novo patamar de consciência do seu papel de líder para a sustentabilidade dos resultados da educação.

Para encerrarmos, evidenciamos aqui a importância da Associação Parceiros da Educação que, por meio do seu apoio às escolas públicas e redes municipais, implementa projetos que visam a melhoria da qualidade da aprendizagem, dentre eles o Programa de *Coaching* para Gestores da Rede Pública.

## Capítulo 14

### Como o processo de *coaching* desenvolve a educação financeira

Vanessa Falcão

O processo de *coaching* direcionado para as finanças pode promover uma grande transformação por meio da educação financeira. O *coach* utiliza ferramentas apropriadas para que o *coachee* identifique o seu estado atual financeiro, para que tenha clareza sobre o estado desejado e trace um plano de ação direcionado para a sua liberdade financeira.

## Vanessa Falcão

Graduada em Odontologia pela Faculdade de Ensino Superior de Pernambuco (FESP). Graduanda em Psicologia pela Faculdade de Ciências Humanas (ESUDA). *Coach* Integral Sistêmico formada pela FEBRACIS (Federação Brasileira de Coaching Integral e Sistêmico). Terapeuta Integrativa com Certificação Internacional nas técnicas energéticas de Thetahealing, pelo Thetahealing Institute of Knowledge. Mais de dez anos como gestora na Área de Gestão de pessoas da Caixa. Analista de perfil comportamental CIS ASSESSMENT. Habilitada para ministrar o curso *Foco na Prática*. Habilitada para ministrar o curso *Decifre* e *Influencie Pessoas*.

**Contatos**
www.oseucoach.com/vanessafalcao
vanessacvf@gmail.com
Instagram: vanessacvfalcao
(81) 99138-1264

## Vanessa Falcão

Trabalhei a vida inteira em uma instituição financeira, mas nunca fui educada nessa área. Parece um paradoxo, mas é a pura realidade! Muito tempo da minha vida passei utilizando o cheque especial. No mesmo dia em que recebíamos o salário, eu já utilizava o limite, entrava no vermelho!! O tempo passou, o meu salário aumentou, mas eu não tinha controle sobre os meus gastos. Continuava fazendo uso desse empréstimo, que hoje tenho consciência: possui juros altíssimos. O meu perfil primário sempre foi influente, ou seja, gosto de gente, relacionamento, de me comunicar. O meu forte nunca foi controlar planilha de custos!

Se naquela época eu tivesse consciência do quanto uma simples planilha contendo o lançamento das despesas e receitas do mês e uma planilha de acompanhamento diário de despesas seriam impactantes, já teria começado a utilizar há muito tempo.

O processo de *coaching* financeiro é fundamental para essa tomada de consciência! É incrível como uma simples ferramenta como o MAAS – Mapa de Autoavaliação Sistêmico, utilizada pelo *Coaching* Integral Sistêmico e direcionada para o nosso estado atual financeiro, pode promover uma tomada de consciência imediata do nosso estado atual, do estado desejado e favorecer a elaboração de um plano de ação adequado para atingirmos a liberdade financeira de forma rápida.

Durante o processo, para que possamos despertar para a forma como sentimos, pensamos e como nos comunicamos em relação às finanças, nós lemos vários livros, assistimos a filmes, vídeos e realizamos exercícios rotineiros. O intuito é realmente promover uma reprogramação mental sobre nossas crenças. Temos muitas crenças limitantes que impedem o nosso crescimento financeiro. Precisamos aprender a "desaprender" para reaprender, pois, infelizmente, para a grande maioria, a nossa conexão primeira é com a escassez e não com a abundância.

Descobri o quanto a leitura é libertadora e, por essa razão, trago algumas pérolas de livros que me tocaram profundamente durante o processo de *coaching* e estão realmente me ajudando a transformar a minha vida financeira. Esta é uma delas: "O hábito de administrar o dinheiro é mais importante do que a quantidade de dinheiro que você tem". Conheço pessoas que ganham muito e, ao final do mês, não resta nada! Também conheço pessoas que ganham pouco e o salário se multiplica. O quanto você sabe administrar o que já tem?

Você utiliza planilhas de acompanhamento? Possui dívidas? Sabe investir? Como está a sua vida financeira hoje? Já pensou que você é o principal responsável por ela?

Uma outra pérola que me marcou é esta: "O ouro está por toda parte. A maioria das pessoas não foi treinada para vê-lo". Excelente, não é? Você acredita que é real? Não tenha dúvida! Existe um gênio financeiro em cada um de nós! Ele pode estar adormecido, pois a nossa cultura nos aprisiona, nos ensinando desde cedo que o amor ao dinheiro é a raiz de todos os males, que dinheiro é sujo, que os ricos não entram no reino dos céus, enfim, são crenças limitantes diversas! Somos ensinados a trabalhar pelo dinheiro, mas nunca fazer o dinheiro trabalhar para nós! Eu pergunto: o que você aprendeu na vida sobre finanças? Você tem hábitos de consumo compatíveis com a sua realidade? Já pensou em dar uma virada financeira em sua vida? Como seria deixar o dinheiro trabalhar para você?

A terceira e última pérola: "Não há problema em ter dinheiro guardado e usá-lo eventualmente em uma emergência. O problema está em quando se estabelece uma meta de ter dinheiro para os dias difíceis". Já aconteceu com você de ter uma ideia fixa de que os tempos difíceis virão e que para isso devemos ter uma reserva financeira? Como seria se conectar com a abundância para realizar os seus sonhos ao invés de guardar o dinheiro para um momento de dificuldade? Se você é uma das pessoas que aguarda dias difíceis, mude imediatamente essa crença, comece a pensar, sentir e comunicar de forma diferente para que não atraia essa realidade.

Diante de tudo que relatei acima, eu gostaria que você olhasse para dentro de si e respondesse: como está a sua vida financeira hoje? Você tem inteligência financeira? Acredita que pode ser plenamente abundante? Você crê que é merecedor dessa abundância? Se você vive no piloto automático, chegou a hora de despertar e se entregar a sua grande virada. O processo de *coaching* financeiro vai ajudar, e muito, a alavancar os seus projetos financeiros. Uma vez eu ouvi uma frase que diz assim: "Dinheiro é emocional". Nossa! Foi a frase mais certa que eu já escutei. Nós criamos a nossa realidade! Se você quer ganhar dinheiro, mude imediatamente o seu *mindset*. Faça a opção pelo *mindset* abundante! Tem gente que passa a vida toda vivendo no gerúndio! Vocês conhecem alguém assim? Está sempre tentando, caminhando, esperando... Até quando?

Sabe por que faço tantas perguntas? É porque as perguntas poderosas de sabedoria são muito mais valiosas do que se eu trouxesse uma série de respostas prontas! Desafie-se!! Você é capaz de muito, muito, mas muito mais! Utilize o processo de *coaching* a seu favor, trabalhe crenças, mude o seu *mindset*, desenvolva a sua inteligência financeira e, tenho certeza, que vou ver você voar muito alto rumo a sua liberdade financeira!!!

**Referências**

EKER, T. Harv. *Os segredos da mente milionária.* Editora Sextante, 2005.

KIYOSAKI, Robert; LECHTER, Sharon. *Pai rico, pai pobre.* Editora Alta Books, 2017.

VIEIRA, Paulo. Criação de Riqueza. Editora Gente, 2019.